Money錢

Money錢

FIRE，然後呢？

金錢、人際關係、健康 ⋯⋯
真實退休生活，老黑要告訴你的7件事！

田臨斌（老黑）著

目錄

4.

你該知道的事❹退休後的自我實現

發掘興趣與嗜好 找到人生新目標

自序 退休：船到橋頭
不會自然直

　　我把離開職場後的歲月稱作「人生下半場」，以有
別於傳統中的「退休」觀念，原因有 2 個，一是現代人
壽命延長，退休後餘命比過去長得多，退休意涵因此大不
相同，另一個原因是社會結構改變，退休人士可以從事的
活動比過去多得多，發揮的影響力也比過去大得多。

　　事實是，退休後的時間，可能是人生最精華，也可
能是最黑暗時期，用傳統方式經營現代退休生活往往不切
實際，不少嬰兒潮世代的退休族因此必須摸著石頭過河，
好壞不是憑運氣，而是準備程度，退休這條船到橋頭不會
自然直，有準備的人一帆風順，缺乏準備的人處處碰壁。

通常人們認為退休準備就是準備金錢，錢確實很重要，但還有其他同等重要的元素經常被忽略，其實如果從必須付出的時間和努力來看，進入人生下半場，錢可能是最不必要傷腦筋的事，因為傷腦筋也沒用，人們更需要的是在現有經濟條件下，盡量優化其他元素。

退休代表老化，但老化不代表衰敗，生活四周有不少精神奕奕、樂觀活躍的長者，也有一些孤獨寂寥、垂垂老去的老人，退休生活品質取決於長期生活習慣積累，為此，雖然這本書談的是人生下半場，但對還處在上半場累積資源的朋友幫助或許更大。

簡單說，這不是一本針對中老年人，也不是針對年輕人寫的書，而是不分年齡，寫給有一定生活歷練，理解自我實現之於人生重要性的人看的書，內容談論如何準備和經營退休生活，目的則是讓餘生發光發熱，如果對人生下半場有憧憬，誠心建議你讀讀看！

你該知道的事❶

退休後的健康危機

別人羨慕的退休生活
為何會憂鬱上身？

- 退休後 12 年 我罹患了憂鬱症！
- 身心症可痊癒 生病教會我的事
- 精神危機無處不在 人生勝利組也會生病
- 老化不可逆 預防重於治療！

退休後12年
我罹患了憂鬱症！

我是老黑，喜歡旅行、寫作、彈吉他唱歌，但在辭掉
工作、享受退休生活的第 12 年，我生病了⋯⋯

　　我在 2017 年第 1 次憂鬱症發作，引發原因是確診
青光眼，那是一種不可逆的疾病，嚴重可導致失明。極端
焦慮導致憂鬱，日常作息大幅失調，老婆押著我到家附近
身心科診所看診拿抗憂鬱藥，吃了幾個月，期間青光眼手
術順利，憂鬱症狀緩解，於是停藥。

　　接下來 5、6 年憂鬱症偶有復發徵兆，都在短時間內
恢復，所以沒有特別掛在心上。2022 年 10 月參加為期

3 個月的非洲郵輪旅程，出發前 1 個多月稍有復發跡象，考慮旅途中就醫不易，預防起見，事先到身心科診所拿和之前同樣的藥物服用。

　　吃了幾週，旅程開始時果然神清氣爽。過了大約 10 天，郵輪離開美洲轉向正東航行跨越大西洋，10 天內調整 7 次時差，每次每天減少 1 個鐘頭，不知是否因此睡眠時間大亂，憂鬱症狀再度出現且逐日惡化。除了失眠，食慾也完全消失，原來興致勃勃的船上娛樂活動逐漸變得枯燥乏味。吃藥不見效果，上岸旅遊成為難以忍受的苦差事，勉強持續 2、3 週後終至身心完全無法運作，迫不得已放棄後面 2 個月的行程，臨時訂機票跳船回到台灣。至今仍記得在伊斯坦堡轉機 18 小時，躺在機場地上扭曲掙扎的慘狀。

　　在船上時，老婆在網路上搜尋到一種有別於吃藥的憂鬱症最新治療方法，名為「重覆經顱磁刺激術（rTMS）」。回高雄隔日，我立刻前往一家有這項設備的診所（A 診所）就診，經過簡單測試，醫師告知適合使

用，10 天後開始施打。rTMS 施打以 10 次為一個療程，每次要價 5,000 元，也就是說一個療程要 5 萬元，且沒有健保給付。醫師說為確保有效，最好打 4 個療程，我當時身處莫名的痛苦，幾天內付出現金 20 萬元，並表示希望盡快施打。

A 醫師於是採用名為 iTBS 的快速打法，據稱效果和每次施打約需半個鐘頭的 rTMS 相當，甚至更好。接下來 2 週內 40 次治療分 5 天施打，每次間隔 3 分鐘，10 次約 1 個多鐘頭完成，期間還換了新藥，醫師解釋 2 種療法互不干擾，且相輔相成。

2 週打完，我沒有特別的感覺，醫師說需要時間；再過 2 週，症狀果然有所緩解，心情大好，當時是 2022 年底，為此我對即將展開的 2023 年充滿希望和計畫。

沒想到再過 2、3 週後，症狀再度悄悄上身，回診時 A 醫師說可能和氣候變化有關，並加開一顆新藥，吃了以後副作用很大，且沒有好轉。再次回診時我向醫師回報，並詢問再次施打 rTMS 的可能，他說短期內不宜

再打，要我觀察一段時間，並建議參加心理課程。

接下來 1 個月，我看了許多和正念及認知相關書籍，效果不大。猜想原因是我成長期間並沒有經歷過嚴重的負面事件，現在生活中也沒有重大壓力，書中提到的各種思維和行為改變，對我來說都不適用。一定要說有什麼，我的 A 型性格，凡事追求完美或許有些影響。

將發病經歷 PO 上粉絲頁後，不少熱心網友提供各種包括中、西醫和另類療法。沒有宗教信仰的我甚至接受建議開始嘗試接觸不同宗教教義，但或許是缺乏悟性，無論是民俗療法或宗教信仰，都無法緩解我的痛苦。

再接下來 2 個月，我跑了幾趟泌尿科診所，原因是看書上說男性更年期可能導致睪固酮低下，進而引發憂鬱。泌尿科的驗血報告卻顯示一切正常，人生第 1 次，我為身體指標正常感到沮喪失望，即使如此，仍抱著一絲希望自費打針抹藥，補充睪固酮，結果可想而知：無效！

農曆新年假期，因狀況不佳取消北上與家人團聚，但靜養結果仍不見起色，心中無力感油然而生，對辛苦

陪病的老婆更是不捨，無奈中我倆決定換診所（B診所）重啟治療。

和A診所一樣，經過測試後B醫師表示適合施打rTMS，我重燃希望。和之前不同的是，這回醫師使用傳統打法，1天打2次，1週打5天，2週打完2個療程，收費和A診所一樣，也就是我另外又付了10萬元。

按照B醫師預測，打5、6次應該可以見到效果，沒想到打完20次病情不但沒有好轉，竟然再度惡化到不能吃睡、無法動彈的地步，體重也直線下降。過程中我的身體機能逐漸衰退，心情更是盪到谷底，心想永遠不會好起來了，甚至有幾回產生極端想法。

這時B醫師說要向專家諮詢，調整打法再加打1個療程，當下我六神無主只好接受。下次回診他告知已和專家討論，根據病史認為我可能不是憂鬱症而是躁鬱症，並將依此調整治療和用藥方式，我請他告知專家是誰，想直接受檢測，他說是竹北中國醫藥大學附設醫院的周伯翰醫師。其實經過多位醫師診治都無效，我已經是心

灰意冷，並不真的想跑一趟新竹，老婆說不要放棄任何希望，堅持要去。北上前一天在高雄文化中心走路，忍耐許久的情緒突然爆發，我倆抱在一起放聲大哭，長大成人以來從未哭得那麼大聲，那麼久過。

第 2 天來到竹北，見到周醫師，他已從 B 醫師那了解部分病情背景，接著仔細詢問我的病史、發病過程、家族史等，問完後他用一種名為「近紅外光腦光譜儀（NIRS）」的儀器替我做腦功能評估檢查。

配合病史和 NIRS 結果，他很肯定說我是躁鬱症，但不是躁起來很嗨或亂發脾氣、亂花錢的典型躁鬱，而是第 2 型躁鬱——輕躁和憂鬱交替出現，鬱期較長，發作時和憂鬱症一樣，但轉入輕躁時只有精力旺盛、創造力強、腦中有很多計畫想法等正面現象。由於沒有明顯外部壓力，我的性格也屬正面樂觀，病因可能和遺傳基因有關。

換句話說，過去幾個月我兩度感覺「正常」，其實只是轉入輕躁，不久後又再度掉入鬱期，吃抗憂鬱藥和打 rTMS 在鬱期沒問題，一旦轉入躁期，會加速腦力燃燒，

躁過頭的結果就是又回到憂鬱症發作。我後來查詢相關資料，發現躁鬱症，尤其是第 2 型，很容易被誤判成憂鬱症，許多患者因此長時間處在悲慘反覆折磨之中。

第 2 型躁鬱症難判讀，治療方式也較複雜，主要用藥是情緒穩定劑，鬱期同時要吃抗憂鬱藥，轉入躁期就需停止，目的是讓情緒穩定在某個水平，如此保持半年到 1 年就可以嘗試停止用藥。至於 rTMS，周醫師認為一旦情緒開始改善，就不要繼續施打以避免進入躁期。

B 醫師依據周醫師建議，將我的藥物大幅修改，並更改 rTMS 打法，後來因狀況改善，剩餘次數直接停打。經此調整，短短 1 週即收到成效，2 週後已感覺「我好了」，周醫師提醒那不是真好，可能是又躁起來，還須小心調整藥物，接下來數週他細心指示我停藥、換藥時機。

2023 年 3 月底是我感到重獲新生的日子，從那時起穩定近半年時間，期間曾 2 次出國自助旅行考驗，雖然不敢保證未來不會再出現同樣狀況，但我有信心只要遵從醫囑服藥、保持規律生活，最終必能跨過這道難過的坎。

身心症可痊癒
生病教會我的事

身心症不是神經病，而是身體生病了，成因複雜，正確治療可以緩解或痊癒。

　　我沒有醫學背景，但我感受到很多被情緒困擾的網友，希望和我一樣找到解決問題的方法，我從發病以來幾乎讀遍所有相關書籍和網上資料，加上個人體驗，整理出感想如下。

　　首先，身心疾病不是神經病，也不是想不開或不知足，而是身體生病了，成因有「心因性」，也就是外部壓力事件造成；還有「生理性」，包括荷爾蒙失調、老化、

性格特質、遺傳等。換句話說，任何人都可能得病，患者不須感到羞愧，旁人更不該戴有色眼鏡看待患者。

　　世衛組織說 21 世紀人類 3 大疾病是癌症、愛滋病、憂鬱症，人們對前兩者多有一定認識和警惕，卻不清楚憂鬱症的厲害。事實是隨著科技發展，生活腳步越加快速，各種前人不曾經歷的壓力如今是生活常態，精神疾病在人們不知不覺中快速滋生。

　　和其他疾病可以靠驗血、驗尿等各種生理指標作診斷依據不同，身心症的診斷相對缺乏客觀資料，診所大都以醫師問診、問卷為主要診斷工具，檢測儀器只能作為輔助判讀工具。而身心疾病種類多，不同病症用藥有重疊，也有不同，醫師的正確診斷因此非常、非常、非常重要。

　　醫師問診的內容應包括發病史、家族史、負面事件、性格特質、其他相關疾病等，問診內容越詳細，患者敘述越清楚，診斷越正確。遺憾的是，現在身心科大都人滿為患，醫師為求效率多看幾個病人，問診很難完整，我因此多次被誤診為純憂鬱症。

身心症用藥種類很多，問診不詳細的診所，講難聽點，只能稱作發藥中心。治不好換藥，再不好再繼續換，患者運氣好得以治癒，運氣差就在不斷換藥、試藥過程中，度過漫長的悲慘歲月。

身心疾病雖然判讀不易，但醫師有義務追蹤患者病情，留意過程中出現的各種症狀，必要時做出診斷調整。多數醫師受限病患太多，大都無力無心，以致延誤正確治療。患者需要信賴醫師，但不要過於依賴，充實相關知識，培養病識感，自己的身體自己救。

人們常以為碰上喪偶、重病、破產等悲傷事件是自殺主因，其實憂鬱才是，多數悲傷會隨時間淡化，但如果處理不佳，悲傷可能轉為憂鬱，成為看不見盡頭的憂愁和麻木。正常人有喜怒哀樂，憂鬱患者只有哀怒，沒有喜樂，「不想活」是典型症狀之一。

身心症大都可逆，患者卻經常感受不到，保持信心很重要，親友的陪伴和鼓勵尤其關鍵。但陪病者壓力大，需要極大耐性，照顧好自己才能照顧別人，心情盡量不要

受影響，多聽少說，不要與患者爭辯，提醒患者按時吃藥，幫助患者維持規律的生活作息。

　　部分醫療機構大力推廣自費治療方式，卻不保證療效。有些病患因此得到幫助，但也有不少人治療後沒有改善，這對苦於病痛但經濟條件不佳、必須靠家人接濟甚至借貸的人來說，情何以堪。遺憾的是，社會上的確存在一些醫德不佳的醫者，個人經驗中的 A 醫師就是一例。

　　社會變遷，生活方式改變，現代人身心疾病快速成長，許多患者身處看似無盡黑暗中，我要再次強調，身心症是可經由正確治療達到緩解或痊癒的疾病，衷心希望每位患者都能像我一樣幸運，最終碰到醫術和醫德兼備的好醫師，早日脫離苦海，重拾人生精彩。

自造幸福

發病期間除了老婆和醫護人員外,我幾乎沒有見過其他人,社交生活基本掛零,好轉後,我迫不及待找了幾位老友來家中小酌聊天,感受許久不曾感受的人際溫暖,席間受朋友慫恿,拿出久未接觸的吉他,當場高歌數曲。

有一位日本醫師寫了一本書名為《自造幸福》,書中從腦神經醫學角度將「幸福」定義為以下3件事:

1. 血清素幸福:身心健康

2. 催產素幸福:人和

3. 多巴胺幸福:成就、金錢、興趣

三者有優先順序,缺少健康,後兩者基本無望;少了人和,很難事業有成。遺憾的是,許多人將順序搞錯,從年輕起就專注在追求多巴胺幸福,以致失去健康或家

庭後才後悔莫名。

　　反過來講，如果從年輕起就注重健康、人和，那麼事業有成、財富積累經常是自然發生的結果，即使沒有，只要能守住前兩者，仍能立足社會，過上品質不差的生活。

　　三者之中可能較難理解的是「人和」，書中作者花不少篇幅解釋這點，他認為所謂人和同樣可分為 3 個優先順序不同的層次，分別為：家人、朋友、同事，比重約為 5：3：2，數量不需多，質量更重要。以朋友為例，與其有一大幫能一起吃喝玩樂的朋友，比不上三、兩既能打屁，也能談心的朋友。

　　回想當時的聚會，大病初癒的我正浸淫在血清素幸福之中，老友們談天說地大大溫暖我冷卻許久的內心，催產素因而大增。彈琴唱歌則是臨門一腳，把我帶入從事興趣的多巴胺幸福之中，一時間三者兼具，

簡直像從之前的地獄，直接上到天堂。

但享受美好時光的同時，我提醒自己「莫忘世間苦人多」，生病期間透過觀察，和與醫護人員及網友互動，我發現這個社會上患有憂鬱、躁鬱、恐慌、強迫等精神疾病的人比我想像多得多，但人們大都不像談論其他疾病那樣坦然，有些人得病甚至不敢讓家人知道。

更糟的是，隨著人均壽命不斷增長以及 3C 產品越加普及，未來患者必將快速增加，不但個人生活品質大幅下降，社會也得承擔龐大損失。我因此告訴自己，不要被眼前幸福沖昏頭，同時期許自己在能力範圍內幫助有需要的人，這麼做不為別人，只為自己的長遠幸福！

精神危機無處不在
人生勝利組也會生病

生病和人生是否勝利關係不大，和生活習慣是否良好，內心世界是否平衡更相關。

發病期間我被人問得最多的問題是：你是人生勝利組 ── 45 歲退休，有感情良好的另一半，經常一起到處遊山玩水，怎可能得憂鬱症？

聽多了這類問題我只有一個感想：這個社會對精神疾病的了解實在太少！這和許多患者及家屬仍承襲舊習不願談論精神疾病有關。事實是，精神疾病人人可能得到，國外調查顯示每 4 人中就有一個在人生某階段患病，差

別是有些人積極治療，有些人卻因不理解或不願面對而忌諱就醫。

　　所謂人生勝利組是形容學業、事業有成的人，這樣的人確實經濟、工作問題較小，但在其他方面卻可能承受比一般人更大壓力。例如名次優秀的學生要維持好成績，粉絲數高的網紅想進一步擴大知名度，業績良好的業務員期待再創佳績等，都是壓力來源。

　　現代人對「勝利」的定義通常和金錢、名聲、地位脫不了關係，其實這些都是社會功利化的產物，和個人真實內心需求，如家庭和樂、有意義工作、自我實現等不一定有關聯。心理學家說和內心長期脫鉤是憂鬱、焦慮的主要來源之一，現代人除非很有自覺，否則難免曝露在精神疾病危機之中。

　　此外，我們這代人是唯一經歷電腦科技從無到有的一代，前人雖然從未享受高科技的便利，卻也從未經歷科技帶來複雜、變調的生活。我們的後代從小生長在科技環境中，不知道沒有電腦的世界長什麼模樣，因此也沒有適應

的問題，只有我們這代人需要承擔變化帶來的壓力。

　　如果跟不上科技發展腳步自然容易焦慮緊張，精於科技也不見得輕鬆如意，日新月異的更新讓才剛學會的技能很快被淘汰。年輕人學習能力強，年紀漸長學習能力下降，壓力自然大，如果不學壓力更大，不上不下成了精神疾病的好發族群。

　　社群平台也扮演一定角色，人們習慣報喜不報憂，媒體充滿各種成功美好事物，容易引發人們嫉妒心。照理說嫉妒是人類正常情緒，但身處永遠比不完的功利社會，一旦嫉妒心被撩撥，受影響的不止是所謂「魯蛇」（輸家），而是在所有人身上形成不同程度的焦慮感。

　　透過社群媒體催生出的網紅文化，和我的憂鬱症有一定關係。我原本只是一個愛寫文章的部落客，碰上社群媒體大熱，在粉絲頁推波助瀾下，突然成了一名小網紅，這不是抱怨，退休後能因此獲得學習成長、與社會連結，甚至一點小小名氣，確實能令人自我感覺良好。

　　但就在樂此不疲的同時，卻也在不知不覺間開始在意

貼文按讚數。尤其隨著粉絲數增加，我更加重視網友的偏好，寫出來的東西不像過去完全忠於自我，和內心真實想法脫鉤久了，加上自己給自己的壓力，焦慮感因而產生。

　　這段生病經歷，讓我對網紅文化產生新看法，名氣來來去去，操之於人，如果以此為業可以理解，如果不靠這吃飯，何必汲汲營營於粉絲數、按讚數？以前我會與意見不合網友筆戰，現在看來，與真正重要事物，如健康、家庭、自我實現等相比，顯得一文不值。

　　回頭看，退休 10 幾年來我一直堅持做會做、喜歡做，做了覺得有意義的事，也就是所謂「職志」，包括寫作、彈吉他唱歌、旅行等，為自己迎來作家、街頭藝人、旅行達人等不同稱號。除了虛榮，多一個網紅稱號對我來說加分不多，卻可能帶來焦慮憂鬱，何苦來哉？

　　這不表示我從此不寫文章，因為我也不會做別的事，即使寫得半死按讚數可能還比不上一張辣妹照，但我知足了。中年大叔本就不吸睛，如果在茫茫人海中還能碰上幾個頻道相似，值得相互學習的人，夫復何求？至於網紅，

那就算了，還是做我的老黑吧！

剛退休不久的人容易陷入失去舊身分卻找不到新身分的情況，工作幾十年，在職場上必定有一定影響力，一旦退下來突然不再被需要，原本唯命是從的下屬忙著聽命於新長官，原本無話不談的老戰友如今勞燕分飛，失落感自然油然而生。

家庭婦女則經常需要面對子女長大後的空巢期，以及老公退休成為大型垃圾的生活巨大改變，過去相夫教子雖辛苦，成長過程總也令人欣慰驕傲，進入人生下半場突然失去存在價值，不管子女教育再好，老公事業再棒，仍避免不了沮喪失落。

是的，人生勝利組也會生病，事實是，生病和人生是否勝利關係不大，和生活習慣是否良好，內心世界是否平衡更密切相關。執著於過去事業成就，空巢期適應不良，都是精神疾病的來源。退休不久有這些問題很正常，畢竟不是人人都準備完善，必須盡快學習調整，才能減少疾病上身的機率。

老化不可逆
預防重於治療！

年過中年的身體就像中古車，維修保養不可少，盡量保持堪用、可用多年就好。

人吃五穀雜糧必定有生病的時候，年輕時身體不舒服總有原因，牙痛是因為亂吃甜食，頭痛因為受風寒，腳痛因為打球撞傷。曾幾何時，面對所有病痛，醫師給我的原因全都一致了：老化！一開始還想反駁，次數多了發現沒用，因為事實就是如此。

我還不到行動不便、垂垂老去的年紀，但總也避免不了髮蒼蒼、視茫茫，初老的震撼許多人都經歷過，不好受還是得承受。記得幾年前曾有人問我年老有什麼好？當

時 50 歲的我回說當然有，而且不少，對方追問有哪些，我支支吾吾說更有經驗智慧……一些如今回想起來連自己都無法信服的話。

隨著幾場病痛，我現在是真的朝老化一步步接近了，心中明知生老病死是所有人必經之路，輪到自己頭上還是難以接受，即使常看一些心靈雞湯教導大家如何學習放下，迎接老年，但當各種老化跡象真的找上門來，我只覺得雞湯有毒，否則為何如此難以下嚥？

如果現在再問我同樣問題，我的回答會是：不多！大概多數時間只能盡力減少辛苦！聽起來很悲觀，但事實如此，壞消息是人生只能往下坡路走，好消息則是只要準備充分，人生下半場是最有可能實現自我的人生階段，善加利用足以讓「短短幾個秋」充實喜樂，不留遺憾。

準備什麼？我認為不出 3 件事：金錢、健康、職志，三者缺一不可。如果一定要排三者的重要性，我會把健康排在最前面，因為沒了健康什麼都沒了，另外兩項再多，再好都沒有用。

既然老病死必然發生，人能做、該做的事是盡量延後並縮短發生時間，做法基本不出規律生活、注重運動飲食、定時體檢等。養成這些習慣的目的不是為了長命百歲，而是為了生活品質。既然人生下半場是自我實現、完成夢想的最好時機，因為健康不佳而無法前行豈不遺憾？

　　一旦做到該做的事就順其自然吧！年過中年的身體就像中古車，維修保養不可少，偶爾修修補補，甚至進場大修都屬正常。過去幾年大病 2 場的體驗告訴我，老化不可逆，碰上病痛見招拆招，不要想恢復一個全新身體，盡量保持堪用狀態，仍可使用多年。

　　維護健康不等於治療疾病，台灣健保制度雖完善，但重點放在延長壽命而不是延長「健康」餘命，換個說法就是重治療而不重預防。榮總高齡醫學中心主任陳亮恭長年推行「全人照護」，核心概念正是不僅生病後提供以病人為中心的醫療照護，更在生病前教導正確有效的預防方法。

　　台灣人平均臥床時間超過 8 年，北歐國家的平均壽

命和台灣差不多，不健康餘命卻短得多。也就是說，進入人生下半場，北歐國家的人有比我們更長的時間和更好的條件享受生活、完成心願，臨終前也不至於留給後人或社會過大負擔，這都是注重預防醫學的好處。

當前世上有越來越多國家施行安樂死制度，提供重症病患一個免於承受無用醫療的選項，這個制度仍有不少爭議之處，亞洲傳統社會更是難以接受。但我個人認為無論對病患本身或家屬，乃至社會整體，都是利大於弊，更是縮短病患痛苦的人性選擇，期望有生之年能看到在台灣實施。

這些方面台灣還有很長的路要走，眼前不能改變制度只能改變自己，盡早養成健康習慣就是最有效方法。如果一方面好吃懶做，熬夜少眠，另一方面期望身強體健，長命百歲，自然不現實，多吃保健品同樣治標不治本。健康沒有捷徑，還是乖乖做該做的事吧！

每每在演講場合講到運動的好處，常有銀髮族反應自己從小不愛也不會運動，進入下半場自然更難開始養成

運動習慣。但事實是，要活就要動，和愛不愛、會不會運動沒關係，健康不是天生，是靠自身努力一點一滴累積出來的。

還有人說又不想活太老，何必那麼辛苦？之前說過，運動的目的不是為活得久，是為活得好，同樣活到 80 歲，有人最後 20 年活蹦亂跳，有人卻長期臥床，差別就在一個運動、一個不運動。剛開始養成運動習慣確實很辛苦，但養成後，不動反而覺得全身不舒服。

以上談得都是身體健康，進入人生下半場，身心靈健康缺一不可，心靈部分，最重要的是「連結」，和職志、家庭、社群、大自然的連結。我們幼年時很清楚自己要什麼和不要什麼，長大成人受功利社會影響，和內心連結越來越淡薄，心靈容易出問題，要解決需要培養病識感。

人生進入下半場既是危機也是轉機，養成健康習慣可以延緩生理疾病發生，用更貼近人性，而不是社會性的方式過日子，可以避免心理疾病找上門，身心都健康才可以提升人生最後階段的生活品質。

用加法看待人生

因 Covid-19 疫情耽誤的諸多計畫，一轉眼 4 年就在等待中蹉跎過去，加上之前身體狀況不佳，以及聽聞身邊幾位年齡只比自己稍大一些的人相繼離世，忽然有「老」的感覺，一種莫名失落感不請自來，

老婆說我覺悟太晚，都快拿老人證才有這種感覺。想想確實如此，不久前還自認是個年輕小伙子，做任何事都不考慮未來，就像人生才剛開始，看不見終點在哪。

現在定下心往前一看，才發現我已然來到人生後段，前方道路還有多長不知道，但必然是下坡，很難再像以前那樣凡事好還要更好，失敗重新再來，健康和時間壓力迫使將未實現計畫打各種折扣。

我因此學會不用減法，而是加法看待人生，以前總想著要在無窮時間中做

這、做那，做完一個在清單上劃掉一個，現在則先將清單歸零，看看終點在哪，再反推回來計算有多少時間做這、做那。做完一個在清單上加上一個，如此一來，失落感就被急迫感取代。

　　曾聽郵輪上一位長者說他每天起床跟自己說的第1句話是「Thank God for another day」，他說把每天當成人生最後一天來過，讓他充滿期待正能量。我還不到那個境界，但會試著一步步朝此目標前進。

📷 面對問題勇敢解決

　　憂鬱症發病期間，除了去診所治療，我什麼事都不想做，連睡和吃都成問題，身型快速消瘦，體力日益衰弱。老婆眼看不行，強押我到住家附近高雄文化中心走路、騎車、曬太陽，要不是她的堅持和照顧，我很可能已經被這場病痛徹底擊倒。

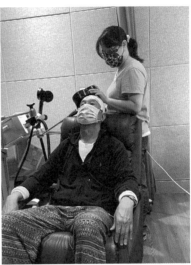

金錢準備 & 非金錢準備

退休後的生活
和你想像的不一樣！

- 無所事事的退休生活 是天堂還是地獄？
- 計畫趕不上變化 退休後碰到的意外狀況
- 培養 3 個金錢觀念 退休財務自由不難
- 退而不休 改做會做、喜歡做的事

無所事事的退休生活是天堂還是地獄？

退休後有大把時間不知道如何運用，提供 6 個建議，避免讓自己成為家中大型家具。

在 10 幾年前我剛退休下來的前幾週，生活就像過年一樣，天天睡到自然醒，電子信箱空空如也，沒有老闆或同事打電話來談公事，也沒有密密麻麻的行事曆提醒出差、參加會議，或其他惱人的公事。

興奮的心情幾週後開始變調，過年雖好，天天過似乎少了點什麼，但我還是很高興，畢竟從進入校園開始到離開職場，已經不自由將近 40 年，飛出籠中的小鳥即使

不知方向，總歸自由自在。

　　又過了幾個月，變調的感覺日益擴大。我身處壯年，身體健康無虞，心理躊躇滿志，遠還不到只是看看電視、無所事事的人生階段，卻每天在陪老婆到市場買菜和股市看盤中度過，輕鬆是輕鬆，卻因為缺少方向感和目標而心生猶豫徬徨。

　　過去的同事和朋友全都還在職場拚搏，見面機會比以前少得多。即使見面，共同話題也隨時間拉長逐漸變少。雖然只要自己主動積極，結交新朋友並不難，但嘗試幾次後發現興致不高，我提早退休的目的就是不想勉強自己，如果沒有共同生活理念，增加的不過是一起吃吃喝喝的朋友而已。

　　度過了大約半年時間的退休蜜月期後，我嘗試尋找生活新重心，這時才發現過去從未有類似經驗。人生至此全都是在「隨波逐流」中度過，時間一到該上學的上學，該考試的考試，該上班的上班，大家走的都是類似道路，不須要特別尋找，差別只是有些人走得順一點，有人坎坷

一點，如此而已。

　　進入人生下半場既定道路不見了，或者該說分叉成為好幾條不同道路，有些人以照顧孫輩，炒股看盤為「主業」，但如果還想趁此階段有所作為，完成心願夢想，就要自行走出一條新路，這對大半輩子都依賴既定目標過日子的人來說，並不是件容易的事。

　　我果然碰上困難，在經過幾次失敗嘗試後，我決定放慢腳步，從做自己喜歡做、會做，做了感覺有意義的事重新出發。我首先專注在閱讀和旅行，事後證明這兩件事帶來的好處不勝枚舉，最重要一點就是幫助我找到人生職志作為退休生活新重心，從此不須擔心虛度光陰、外界眼光，或人際關係等課題。

　　很遺憾，生活四周常可見到大把時間不知如何運用的退休族，有人離職前飯局不斷，退休後只能在 LINE 上發長輩文和各種貼圖；有人打算回歸家庭，卻發現家人不支持，自己成了家中大型家具。如果你也有這方面疑慮，個人有以下幾個建議。

建議1：養成運動習慣

運動的重要性說幾次都不嫌多，退休後不是要偶爾運動，而是要每天運動、偶爾休息，為自己設計一套簡單但有變化的運動套餐，如快走、慢跑、騎車、重訓等，分量不用太重，但要持久。運動的好處不只發達四肢，也強健頭腦，許多生活中的好點子都是在運動中產生的。

建議2：好漢不提當年勇

退休是人生全新階段，之前的成就、挫敗、榮譽、恥辱都已成歷史，沉浸於過去就無法活在當下，更難以開創未來。走過的路當然值得珍惜，但別忘了人生還在現在進行式，和老友敘舊沒問題，但別喋喋不休，成天講古，否則再親近的人都受不了。

建議3：不要花太多時間理財

退休族仍有必要理財，但必須符合長期、低風險、守紀律等原則，一旦選定標的就不要再隨市場起伏起舞。

多花精力在理財上不會賺更多錢，反而容易賠掉老本，或起碼賠上時間和心情。人生至此，富貴已定，穩定最重要，不要再做發財夢。

建議 4：做會做、喜歡做、有意義的事

每個人都有愛做、會做的事，有人長期堅持，有人虎頭蛇尾，差別經常不在於做得好不好，而在「外界眼光」。堅持的人只在意自己的學習成長，三心二意的人更關心他人是否肯定，例如，畫畫為開畫展，念書為求學位等，短期達不成目標就另起爐灶，自然難以積累成績。

建議 5：和自己做朋友

和自己做朋友，換種說法就是學會「獨處」，交朋友很好，但不要因為怕孤獨交朋友，尤其是只能一起殺時間，不能一起學習成長的朋友。習慣獨處不會成為一個孤單老人，反而因為無須依賴而更有自信，自信令人願意親近，這個道理適用於舊雨新知，也適用於家人親戚。

建議6：去旅行吧！

　　「旅行，年輕時是教育的一部分，年長時是經驗的一部分」，這個人生階段的旅行和年輕時不一樣，重點不在去哪、住哪、吃啥、買啥，或花多少錢，而是趁經濟、身體、時間都還允許的時候，盡量活動腦袋獲得學習成長，努力活動身體常保健康。

　　退休是天堂、人間，還是地獄？沒有標準答案，取決於準備和執行程度，不要羨慕他人，也無須抱怨自己，那些都於事無補，善用擁有的資源，即使有限，只要使用得當，人生足矣！

好活 & 好死

　　在網路上看到一段榮總高齡醫學主任陳亮恭醫師的演講影片，內容相當精彩，其中 2 點尤其令人印象深刻。

　　陳醫師說年紀大生病不可怕，可怕的是失能和失智，所謂「人在社會走跳，少不得吃幾顆藥」，生病只要控制好不至過度影響生活，一旦失能、失智不只生活品質沒了，還成為他人負擔。他舉兩位同齡人為例，一位有 5 種疾病，靠藥物控制生活依然活躍，另一位只有骨質疏鬆 1 種病，卻因維護不好一蹶不振。

　　另一個觀念是「不要退休」，多數人都想盡早退休過遊山玩水的日子，但根據調查統計，不管幾歲退休，退下來後平均只能維持 2 年活躍生活，原因可能是經濟、

健康、人際關係等，因此只要可能就要盡量留在職場，動手動腦，保持與人群接觸。

個人經驗是，與其說不要退休，更貼切說法是「不要停止工作和玩樂」，人總得退休，但只要保持工作玩樂就不怕生活失去動力，重點是要找到職業之外的職志，讓自己在離開職場後仍能繼續發光發熱。

陳醫師說由於現今人類平均壽命不斷延長，人們面臨的是前人不曾經歷的問題，以上 2 個觀念正是針對此而來，個人覺得，這 2 個觀念不但可以讓上了年紀後「好活」，可能更重要的是讓人「好死」！

計畫趕不上變化
退休後碰到的意外狀況

> 退休生活有很多意料之外的狀況，見招拆招，適應調整，是很重要的心態及技能。

　　有句話說：「當了爸爸，才開始學當爸爸」，同樣道理完全可以套用在退休上，絕大多數人都是退休之後才開始學過退休生活，連像我這樣事先有規劃，主動退休的人尚且如此，更不用說屆齡或被動退休的人。

　　事實是人生下半場有太多事物是上半場無從體會的，例如子女成人、父母遲暮、老化、空巢等。當然也有一些較振奮人心的，例如時間自由、心智成熟等。這些特質

通常要等發生後才能真正感受，英文有句話「The future is not ours to see」，指的就是未來無法預見。

離開職場前我對退休生活有許多憧憬，包括鑽研吉他、寫書、開一家主題酒吧、回校園修習一門有興趣科目、四處旅行、跑馬拉松等，結果有些成功，有些淺嚐即止，有些不了了之，有些徹底失敗。

從中學到的教訓是：有些事無法按計畫行事，這不表示計畫沒用——沒有計畫就沒有行動，沒有行動當然談不上成功或失敗，而是說計畫經常趕不上變化，在經常變化且沒有標準答案的環境中，見招拆招，適應調整，是很重要的心態和技能。

例如，我想重拾年輕時有興趣的吉他，但因為學校畢業就沒再碰過，之前所學早已忘光，退休後再怎麼自學仍找不到方向，於是找老師，嘗試過音樂班和請家教，效果都不好，只好走回自學老路，學到的自然有限，於是調整心態，不設目標，玩玩就好，反而因此得到預期外的進步。

偶爾無所事事對上班族來說是一種享受，成天無所

事事對退休族來說一點都不輕鬆。農業時代沒有退休這回事，農夫從事農務直到做不動為止，工商時代早期，人們即使幸運能活到退休年紀，距離人生終點也不遠了，沒時間也沒力氣再創人生新局。

現代人如果還用傳統方式經營退休，很快就會發現生活有如嚼蠟般枯燥乏味，由於時間很長，如果經濟狀況不佳，窮困日子當然不好過，如果健康狀況不好，難以自在行動的生活更加痛苦。

即使財務自由，健康良好，也不保證退休生活充實有味。個人經驗是，金錢和健康是快樂生活的兩大支柱，但單有支柱無法帶來快樂，必須靠它們撐起真正能帶來快樂的事物，也就是會做、喜歡做，做了感覺有意義的職志。

什麼是職志呢？心理學中有個名詞叫「心流」（flow），指的是一個人在從事自己喜歡，且富有挑戰性的工作過程中，忘記吃飯、睡覺、時間的狀態，此時體內所產生的心流是喜悅的主要來源，而當時所從事的工作很可能就是這個人的天生職志。只有從事職志才能產生心理

學家所說的「心流」，進入馬斯洛需求層次最高階的「自我實現」，少了學習成長，不管多少金錢財富、功名利祿都只能滿足生理、安全、歸屬、尊重等需求，卻無法踏上最高階的自我實現道路，難以獲得真正快樂。

這就是職志的重要。有些退休族有錢有閒，卻苦於成天炒股生活枯燥，缺乏創造學習的日子過久了自然快樂不起來。要改變就必須找到老天賦予的特點，全心去發展自己的才能。遺憾的是，許多人受上半場人生慣性影響，忘記內心深處的真實需要。

剛退下來時我也碰上這個困難，離開職場時清楚自己不要什麼，卻對究竟要什麼只有一層模糊概念。**幫助我走出謎團的是大量閱讀和旅行，這兩件事開闊了我的視野，讓我更加認識自己**，不是別人眼中的自己，也不是過去自己以為的自己，而是真正的自己。

一旦看清才發現職志就在眼前，過去想得太複雜，去除掉心中雜音，一切真相大白。回想一下，我們幼年時大都知道自己的喜好和擅長的事務，經過幾十年功利社會

沖刷，逐漸失去自我。進入人生下半場不須凡事競爭求勝，正是找回初衷的大好時機。

可惜的是，許多人看不清這點，依然沉浸於「好漢愛提當年勇」的過往。懷念年輕歲月是人之常情，反覆向人敘述卻不見得能引起共鳴，反而落得「LKK」之名。更糟的是，停留在過去就無法開創未來，有人正值壯年行為舉止卻像老人，經常是放不下過去的結果。

身體狀況是另一個不受控制的事物，多數人剛離開職場時健康還算良好，這時如果沒有有意識的鍛鍊保養，有可能加入「壯志未酬身先死」的行列。原因是人在變老之前都沒有老的經驗，而身體老化沒有預警，卻必然發生，沒有預做準備容易措手不及。

退休後有錢有閒當然是好事，但不要以為可以從此過幸福快樂的生活，還必須做能令內心喜悅的事，有人認為別人怎麼做就跟著做最保險，這在人生上半場沒問題，下半場卻行不通，也有人認為船到橋頭自然直，但除非有規劃並堅持執行，否則退休這條船是可能被卡住的。

培養3個金錢觀念
退休財務自由不難

不用花太多時間理財，只要改變觀念，財務獨立不再是遙不可及的目標。

退休需要錢，人生上半場努力賺錢，用力省錢，積極理財是必要做法，目的是盡快達到財務獨立目標。但一旦進入人生下半場，對錢的看法和使用必須大幅調整，這時最重要的不再是賺錢、省錢，而是如何將錢用在刀口，完成個人心願的同時還能回饋社會。

許多退休族把重點放在理財上，我倒認為這部分最不需要花時間。把過多精力放在鑽研理財產品不會帶來更

多回報，理財所花費的時間和績效並沒有正比關係，事實上還經常成反比，因為過於頻繁的進出金融市場，既不能帶來最關鍵的複利效果，還很容易陷入追漲殺跌的陷阱。

所謂知難行易，個人認為在做任何投資理財動作之前，要先培養以下幾個金錢觀念。

第 1 個觀念：錢夠就好而不是多多益善

這句話人人會說，能做到的人還真不多。不信你問一個上班族需要多少錢才能退休，他今天說一個數字，等達到這個數字後再問他同樣問題，他會給出一個更大的數字。如此不斷重複，永遠沒有達到目標的一天，因為目標永遠在移動。

究竟有沒有一個固定目標？有，只是因人而異，個人必須按照計畫中的退休生活型態來決定目標，一旦確立就不該再有大改變。換個說法，期待的生活型態不應受外在環境影響而改變，也不應受他人眼光影響而改變，如此才能真正達到足夠就好的財務目標。

我當年提早退休時常有人對我說：一定是賺飽了！我會反問對方：什麼是賺飽了？你有賺飽的一天嗎？其實對真心相信「足夠就好」的人來說，的確有賺飽的一天，只是不會這麼形容而已，會這麼形容的人，通常都是更相信「多多益善」的人，自然也就沒有賺飽、賺夠這回事。

第2個觀念：願意過簡單樸素生活

　　這樣可以大幅降低財務自由門檻。許多收入高的人無法跨越財務自由門檻，是因為人生上半場習慣賺少花少、賺多花多的消費習性，相同習性帶入下半場自然難以積累退休本。

　　退休過簡樸生活不是一件如想像中容易的事，因為人的天性是由儉入奢，多數人的人生軌跡都是按照這個原則發展，進入下半場要反其道而行需要相當程度的自律，但如果能做到好處很多，除了減少生活壓力外，更能將有限資源花在真正有用的地方。

　　事實是，退休後許多花費如食、衣、住、行等，只

要願意，可以比工作時減少許多。會增加的項目則是娛樂和醫療，如何省多、花少是每個追求長期財務獨立退休族的挑戰。

所有花費中金額最高的必定是「住」，退休後換一個較小的住宅，省下來的錢相當可觀，如果願意移居到另一個房價、物價較低廉的城市（這個做法被稱為「異地退休」），創造出的經濟效益更是顯著可見，省下來的錢則可以用在如娛樂、醫療、長照等方面，提高生活品質。

第 3 個觀念：破產上天堂

這個來自西方的觀念指的是離開世界那天，將口袋中最後一塊錢花掉，現實當然不會那麼巧合，這句話更接近自己賺的錢自己花，不留或只留有限財物給後人，這點和東方傳統思維並不相符，也因此不是多數退休族的選項。

但如果願意接受並執行這種金錢觀，財務自由門檻必定得以降低，退休生活也較自主。其間差別很大，因為許多人對遺留財產的想法類似之前提到的「多多益善」，

自然形成另一個財務自由的大障礙。

　　傳統亞洲社會的社會福利觀念一向較西方淡薄，支援體系以家庭為主，在家長支配下，金錢在家族成員間互通有無。現今社會結構大幅改變，大家族被小家庭取代，家長角色被政府取代，福利社會觀念越來越被人們所接受，留大筆遺產給子孫的想法也應做相應調整。

　　「破產上天堂」是雙向的，不留或少留財物給後人的同時，也不期待後人奉養老年的自己。有人認為這種做法會降低世代間依存關係，減少「父慈子孝」親情效應，個人認為剛好相反，去除掉麻煩的金錢因素，兩代之間才更能以親情為出發點相處。

　　建立這 3 個觀念會使財務獨立不再是遙不可及的目標。而一旦跨越財務獨立門檻，就沒有必要再為金錢花太多精力，不要想賺更多或省更大，錢永遠賺不完也省不完，人的時間精力有限，這時重點是利用有限資源換取最多人生經歷，汲汲營營於金錢遊戲只是浪費有限的生命而已。

　　人人都說錢夠用就好，仍有許多人做不到，這樣的

人經常不是怨天尤人就是嫉妒他人，原因和根深蒂固的
價值觀關係密切，要改變不容易但絕不是不可能。至於
究竟需要多少錢才算達到財務自由目標？留到下一章中
詳細討論。

退而不休
改做會做、喜歡做的事

現代版的退休不是停止工作，而是積極從事能實現自我的工作，也就是「職志」。

錢很重要，但退休必須準備的遠不止錢，還必須規劃好生活的目標和內容。講得形而上一點，進入人生下半場該是搞清楚「人生意義」的時候。許多人用所謂成功人士為藍本度過剩餘人生，這麼做雖容易，卻很難令人滿足，畢竟那是別人的人生，參考可以，模仿不來。

嬰兒潮世代的人們尤其必須預做準備，因為我們會活很久。離開職場對多數人來說等同失去身分，不再被

需要，長期不被需要容易令人灰心喪志，甚至失去生存意志，要被人需要就必須從事某些對他人或社會有幫助的事。

這些事必須是自己會做、喜歡做的事，因為退休後誰也不想再被強迫做不喜歡做的事。要找到符合以上條件的事說難不難，說容易也不容易，關鍵是要對自己誠實，許多人在社會「蒙塵」已久，習慣用他人眼光評斷自己，以致忘了本心初衷。

找到這些事還得去做它們，退休後因為沒有必要，容易失去努力的動力。事實是，現代版的退休不是停止工作，而是積極從事能實現自我的工作，不但不停止，還要比以前更投入工作，這時的工作成效不再以金錢和頭銜來衡量，而是要將經驗長才盡量發揮出來，利己助人。

你我身邊都可見到有些看似清閒的退休長者，卻不積極從事或參與外界事物，因而失去該有的活力，就像久不運動的身體必然失去力量一樣，久不活動的腦袋必然失去學習成長能力。

該從事什麼活動因人而異，對我來說最重要的一件事是寫作。寫作不會讓我賺很多錢或變得很有名，卻可以讓我獲得源源不斷的心流，心流令生活充滿成就感，除了自娛，還可以助人，分享是保持社會連結的最有用方法之一，切磋交流、相互學習令人樂此不疲。

　　我還愛旅行，不但擴展視野，增加閱歷，旅途中的所見所聞、所思所想，更成為寫作源源不絕的養分，使創作不致因缺乏新意而枯燥乏味。與同好分享旅行經歷也是一大樂事，這些都令旅行不只是件好玩的事，更是件有教育性和有意義的事。

　　彈吉他唱歌是我年輕時的興趣，進入人生下半場，對我來說它的含義已經超越只是排遣無聊的嗜好。雖然我的音樂天賦有限，但用心鑽研樂趣無窮，學習成長感受充實，切磋交流增進社會連結，如有機會公開表演更能令嗜好轉變成有意義的分享。

　　以上是我喜歡做、會做，做了感覺有意義的事，常有人對我說他不會寫作或彈吉他，不能像我一樣過充實

退休生活！這個說法似是而非，我也不會做他會做的事啊！每個人都是獨立個體，別人的職志參考一下就好，重點是找到屬於自己的職志清單。

還有人說這太難了，即使用力嘗試還是找不到，我剛退下來時也有類似困擾，經過近一年才逐漸進入狀況。回想起來其實不是多難，而是搞錯方向，老是想著成功失敗等看似重要，其實完全不相干的因素，我的職志就是我的職志，好壞不是由外界決定，而是要由自己來認定。

如果還是找不到，建議你從「創造」這個關鍵詞下手。我們從小到大受的教育並不鼓勵創造，凡事都有標準答案，只要背誦或模仿就好，這點大大限制我們進入人生下半場後生活的多樣性，唯有擺脫自我設限，從窠臼思維中解放出來，才能找到屬於自己的職志。

簡單說，創造就是無中生有，形式百百種，藝術、工匠、園藝、製造等都是創造，剛開始可以從模仿他人作品下手，逐漸加入個人色彩，走上創造之路。過程中充滿學習和成長樂趣，以及完成目標的成就感，使得生

活多姿多彩，意義非凡。

　　創造可以參考他人，但不要和他人比較，一山還有一山高，永遠比不完。如果一定要比就和昨天的自己比，只要有進步就是走在正確道路上，任何創造都沒有終點，道路無限寬廣。

　　至於各人適合何種創造必須靠自己尋找，之前說過說難很難，說容易也容易，難是難在自我設限，容易是容易在回歸本心，職志不需外求，只要挖掘自己內心就可找到。

　　我在 45 歲之前從不知道自己會寫作，退休後嘗試寫生活心得感想，趕上部落格熱潮將文章貼上網。一段時間後獲得一些預想之外的迴響，因此越寫越帶勁，越寫越覺得才能不足，於是想方設法磨練寫作技巧，充實知識，就這樣一路走來已出版多本書。

　　這並不代表我的文章寫得好，只代表堅持不懈走在創造道路上，由此獲得的樂趣和意義比出書本身重要得多。而且最令我驕傲的是每本書內容都不重複，反映出

歲月積累帶來的學習成長。至於出書是否有金錢和名聲回報，如果有是錦上添花，沒有也不傷大雅，因為本來就不是目的。

除了創造，幫助他人是另一個考量方向，許多退休族加入志工行列即是以此為出發點，其他如在社區大學講課分享個人經驗，成為企業顧問等都符合職志會做、喜歡做，做了感覺有意義的含義。

退休當然必須做財務準備，除此之外，尋找並從事職志同樣不可或缺，如果以前的職業並非自己最喜歡做的事，退休正好是轉換軌道大好時機，這時的工作不為錢、不為名，而是為生而為人的最終目的：自我實現。

寫作的職志

　　我喜歡寫作，但不是從小就喜歡，上學時的作文課大都交差了事，老師也不鼓勵創作，我是退休後透過記錄生活才慢慢找到寫作樂趣，記得那時經常邊寫邊抱怨學校教育，害我不能早一點開發人生志趣。

　　剛開始寫出來的東西大都落落長，總覺得篇幅長才能完整敘述心意，看起來也較專業，後來字越寫越少，因為逐漸理解精簡表達複雜含義才是寫作精髓，讀者也較容易接受，於是越寫越短，經常字斟句酌只為少寫幾個字。

　　累積文章多了自然想出書，我運氣不錯，很快遇到一位出版業的伯樂。更幸運的是，據說多數作者第 1 本書銷售業績不佳就放棄，我的第 1 本書賣得不錯，才有後續第 2、第 3……乃至第 9 本書。

　　每出一本書的當下我都覺得是嘔心瀝血大作，一段時間後回來看卻沒有一本真正令自己滿意，也感覺有點對不起讀者，但往好處想，表示我還在學習和進步，總能看見不足並相信下一本會更好。

　　可能持續創作最大好處是促使自己不斷擴展人生經歷，同一題材寫多了，讀者不膩，作者也會膩，要保持熱情就必須有新體驗，馬克·吐溫、海明威等大作家之所以有說不完的故事和感想，正是因為人生經歷豐富多姿。

　　其實不出書我還是會寫，因為寫作就是我會做、喜歡做，做了感覺有意義的職志，一動筆心流源源而來。雖然我無法寫出華麗優雅辭藻，但沒關係，文字承載思想，思想是我可以和許多素昧生平讀者一見如故的原因。

　　如果你和我以前一樣不知道職志為何，建議你找

到能讓你廢寢忘食的那件事，一頭栽進去做，不要預設目標也不要計較成果，很可能就此走上充實有趣的自我實現道路！

📷 在閱讀和旅行中找回自己

離開職場後，第 1 年生活缺少明確目標，盲目摸索功效不佳，跨不出往日身分令人沮喪，鑽研理財只是浪費時間。後來我逐漸經由閱讀、旅行重新認識自己，找到人生職志，建立新目標，並養成運動習慣，一步步走上自我實現道路。

你該知道的事❸

退休後的財務管理

退休餘命數十年
如何讓錢一輩子夠用？

- 避免退休金花光 要做到 3 件事！
- 退休後 3 大意外支出 醫療、資助子女、詐騙
- 記帳掌握花費 確保收入大於支出
- 退休理財秉持 3 原則 年獲利 5% 為目標

避免退休金花光 要做到3件事！

退休前幾年錢還夠用，但時間越長、坐吃山空的焦慮越大，怎麼防範老本不夠用？

　　多數人在剛離開職場時會準備一筆退休金，確保起碼幾年內生活無虞。但隨著退休生活不斷展開，坐吃山空的日子令人焦慮，尤其當碰到如意外、疾病、子女需求等緊急狀況，必須動用計畫外的資金時更是如此，該如何應付才能讓退休生活不致因缺錢而陷入困頓無繼？

　　個人經驗是，第一要務是養成之前提過的 3 個金錢觀：1. 夠用就好、2. 簡樸生活、3. 破產上天堂，這 3 個

觀念有一共同點，就是為退休後的金錢需求加上一層天花板，確保有限資金運用在刀口上，少了這層天花板，無限需求遲早會導致捉襟見肘。

有人賺得多花得也多，自然難以靠積蓄產生足夠被動收入支付生活所需，於是想靠更高的投資報酬率維持高消費水準，此舉無異賭博，結果必然是加快耗盡積蓄速度。許多演藝人員或運動明星，當紅時收入高到幾輩子都花不完，最終卻落得破產下場，原因在此。

另一個常見例子是把錢花在成年子女身上。教養子女是父母天經地義的責任，但一旦子女長大成人就不應該再把責任扛在肩上，不管是教育、成家、買房、生育等都是成年人必經成長之路，身為父母如有餘裕可以幫忙，但如超出自身能力則可能導致老年生活困頓。

具備 3 個金錢觀之後，還要做 3 件事：

第1件事：確保有足夠醫療保險

這件事不要等退休後才做，要像存錢一樣，越早開

始越好，成本也越低。但如果真的準備不足，退休後還是要盡量彌補，只是這時就必須在時間和成本間求得平衡，兩權相害取其輕，不能什麼都要。

保險的重要性在於避免老後健康問題成為開銷無底洞，缺少醫療保險可以讓天堂般的退休生活一夜之間掉入地獄，所有人的生命都有結束的一天，要在那天到來前過好退休生活，醫療保障必不可缺。

有人把保險當成理財工具，我認為不合適，理財是理財，保險是保險，混為一談很可能兩邊目的都達不到。把保險當成投資的一種倒是可以，不是投資金錢，而是投資生活品質，讓退休生活沒有後顧之憂，如果到頭來繳出去的保費全沒有拿回來也不是浪費，因為代表身體健康。

第2件事：不可以有負債

退休代表沒有固定收入，自然也不可以有負債，負債不只是欠人錢財，還包括各種形式的貸款。有些人退

休時房貸還沒到期，建議把尾數一次付清，如果沒有這個能力代表還沒準備好退休。

有人可能說理財獲利大於貸款利息，提前償還貸款是損失。理財畢竟有風險，貸款利息卻 1 毛都少不了，工作時有固定收入可以大膽一點，退休後還要擔心可能的財務缺口，以致不能輕鬆度日，即使真能多賺一些，賠上休閒心情，仍然不值得。

更可怕的是借錢投資，美其名為財務槓桿，以小博大，事實是天下沒有白吃的午餐，成本越低，預期獲利越高，風險必定越大，即便是有生財能力的人都不該參與這種金錢遊戲，何況是退休族，想清楚人生至此財富已定，千萬不要再做發財夢，那是很危險的事。

一般人要達到財務獨立的不二法門是：努力工作，謹慎理財！所有傳說中的捷徑要不是不存在，要不就會帶來災禍，投資理財確實有其必要性，但想單靠它達到財務獨立不異緣木求魚。無債一身輕，退休後還清貸款不再為還錢煩惱，才能空出心思做想做的事。

第3件事：要有自住房

退休後所有開銷中最大的是住房，你可能會說「不對啊！我住自己的房子不用花錢」，那是沒有把機會成本考慮進去。想想看，因為自住所以沒辦法把房子租出去，等於少賺一筆租金；因為自住所以沒辦法把房子賣掉，等於少賺一筆存款利息。因為房子價值高，不管是租金或利息，金額都比生活中其他花費大。如果退休後還必須租房子住，租金勢必成為沉重負擔，更別說房東不愛年紀大的房客，因此更加墊高退休後的生活成本。

擁有自住房可以大幅降低財務獨立門檻，退休後可以從蛋黃區搬到蛋白區，子女成家後也可以換間較小的房子，這些都是減少花費的做法。此外，房子本身也是一個有用的理財工具，可租、可買賣、可抵押，退休後擁有一間已付清房貸的自住房才能高枕無憂。

人們常覺得準備退休金是件還很遙遠的事，其實只要一步一腳印，離開職場時做到足夠保險、無負債、擁有自住房這3件事，財務獨立夢想就已完成一大半了！

換屋狂想曲?

　　有位台北市民在網上貼文說「買不起自己的房子,感覺沒資格住台北」,引起許多討論……

　　原貼文者 20 多年前在台北買房,當時的房價所得比(不吃不喝幾年可買房)約為 10,貸款買房壓力不算太大,現在接近退休,薪資比當年多 2 倍,房價卻多 5 倍,房價所得比大幅增長成 25。

　　照說他應該慶幸當年咬牙買房,如今資產大漲 5 倍,而且房貸已還清,為何反怨嘆買不起自己的房子?可以從 2 個角度看:

　　1. 如果他把現在房子賣掉,同樣價錢買不到類似房子。

　　2. 以他現在的收入,負擔不起類似房子租金。

　　也就是說,這個人雖然早已是千萬富翁,但生活品質不但不

像富翁，隨著通貨膨脹和房子老化，事實上生活品質是越趨向下，值得高興的則是帳面資產不斷增加，還有最終可以留下一棟房子給子女。

網友留言很踴躍，有些說台北這樣的人占9成，大家都一樣，有些網友說可以增加貸款去投資賺錢，還有些網友說資產增加就是好事，不值得抱怨，最具代表性的一則留言可能是「不用恐慌，打死不賣繼續住下去就是了」。

個人覺得其實有更好的選擇，那就是把現在的房子賣了換一間較小的，或（像某人一樣）搬到外縣市，兩者都可以在負擔得起的前提下提升生活品質，辛苦工作大半輩子，不就是期望人生下半場可以享點清福嗎？

每次講到搬離台北總有人質疑醫療資源，其實台灣絕大部分地區離大醫院都不到1個鐘頭，診所更是

到處都是，除非健康非常不好，必須固定常跑醫院，
否則問題不大，有位網友說得好「沒必要因為怕火災，
就住在消防隊隔壁」。

　　當然，各人價值觀不同，這種事沒有對錯，只要
適合自己就是對的！

退休後3大意外支出
醫療、資助子女、詐騙

> 日常生活中的食衣住行等花費大都可控，但還有其他意料之外的花費會侵蝕老本。

工作幾十年，除非毫無節制花費或理財過於投機，否則通常會有一定積蓄，這筆積蓄應該至少可以讓退休前幾年生活無虞。如果理財得當，長期穩定的被動收入更可以大幅拉長財務自由時間，但隨著年歲增長，必定會產生一些預期之外的花費。

最明顯一項是醫療費用，這點再次說明擁有足夠醫療保險的重要性。但保險也有成本，保什麼、保多久，

需要視個人身體健康和財務狀況而定。無論如何，保險的意義就是保險，不是生財，也不是杜絕所有可能的醫療花費，沒必要包山包海，保好保滿。

醫療科技日新月異，保險內容經常跟不上變化腳步，個人看法是在能力範圍內適度就好。有些新發展出來的醫療科技和藥物，費用太高不須強求，生命的質比量重要，醫療的目的是增進或維持生活品質，而不是單純延長壽命，醫療保險的規劃應該從這個角度出發。

長照是我們這代人無可逃避的課題，遺憾的是，目前從政府到企業再到個人對這方面的討論和作為遠遠不足。多數人似乎都採觀望態度，等待這顆未爆彈哪天真的爆開後，再來看如何處理，這對期望順利度過人生下半場的人來說，顯然不夠理想。

為了應付這個長久以來不被重視的問題，有些保險公司在倉促間推出相關保單，由於要保對象是中老年人，費用自然較高，但高到失去以眾人之力幫助少數有需要之人的保險意義，如果政府無法在短期內制定相關政策，

自力救濟恐怕是多數人的唯一選擇。

許多長者期待子女撫養照顧，這是從農業社會傳下來的傳統，來到現代卻無以為繼。工商社會退休族的養老金有3個主要來源，政府（如勞保）、資方和個人積蓄，西方社會三者比重差不多，亞洲社會則大幅偏重個人積蓄，政府和資方角色有限，如果個人積蓄不足，養老的責任就會落在子女身上。

如果國家經濟持續成長，問題還不算太嚴重，但成長總有放緩的時候，這時年輕人成家立業甚至還需要長輩幫忙，自然難以像傳統社會那樣盡到侍奉父母晚年生活的職責，勉強去做，後果經常是犧牲掉一代人，或甚至兩代人的幸福。

不管有沒有小孩，現代退休族更實際做法是參加養老機構，靠社會專業力量度過晚年。何種機構則視經濟條件，也就是所謂「老本」而定，籌措老本的責任在自己，不要期待子女分擔，也不要因為幫助子女流失老本，這樣才能避免親子間日後因金錢產生不愉快。

說到這裡也就談到另一個可能的預期外花費：子女！教養小孩是天下父母天經地義的責任，但子女長大成人後不同父母就會有不同做法。在強調獨立的西方社會，子女成年大都搬出原生家庭，兩代間維持親密關係但不牽涉金錢往來，養活自己和小家庭是各自的職責。

　　傳統亞洲家庭是互助體，家人之間互通有無，成年子女如有需要如成家、買房、創業等，父母經常提供金援，這筆資金除非早有準備，否則就會成為退休父母預期之外花費，一旦投入可能造成老本失血，晚年生活品質因而大打折扣。如何應付？個人看法是：不要花！當然我沒有子女這麼說很簡單，但從看到和聽到的無數案例中不難得出結論，凡是有金錢糾葛的兩代間幾乎避免不了某種形態的情緒勒索，好一點的犧牲一代人成全另一代人，更常見的則是兩代人都被拖下水。

　　還有一項老年人常受到的威脅是：詐騙集團！經常聽說長輩因為被騙頓失生活依賴，即使老本沒被騙光，被騙後的悲憤心情很容易造成健康一蹶不振。當前法令

對詐騙的懲罰過輕，這樣的威脅越來越大，尤其獨居老人，一不小心就會掉入難以翻身的陷阱。

其實詐騙一直存在，只是近年手段越加推陳出新，以致防不勝防。但無論再怎麼變，基本不出利用人性中與生俱來的恐懼和貪婪，這 2 個特點和投資理財原理很接近，多數人退休後理財不再像年輕時積極，因此不大可能在投資市場中大失血。

但碰上詐騙集團利用如財產遭扣押、中獎等可能勾起這 2 種情緒的事件時，防衛心較低，於是受騙上當。解決之道是認清自身情緒變化，是否感受到害怕或想占便宜，只要心理上有所準備，防止財物損失，甚至拆穿詐騙伎倆並不是一件太難的事。

打拚半輩子，退休金得來不易，千萬不要被可以避免的原因蠶食鯨吞。日常生活中的食衣住行等花費，大都在可控管範圍，只要不過於浪費，通常不會侵蝕老本。如果加上防止預期之外花銷，退休族面對的最重要金錢課題，很可能就不再是省錢，而是如何聰明花錢。

養兒防老過時了！

在我年輕的時候，像我這種婚後不生小孩的人是社會少數，常要面對他人質疑或尷尬的眼光，而比不生小孩更少的是不結婚的人，他們承受的家庭和社會壓力可想而知。

我們這代人來到中年，不生的人數還是一樣，沒結婚的人卻變多了，原因是離婚率變高，社會因此增加不少獨身男女和單親父母，其中明顯女多於男，老婆參加同學會（女校）赫然發現只有不到一半同學有老公。

我們的下一代長大成人，不生似乎成主流，看報導說現在適婚年齡結婚率只有 50%，不婚自然不生，婚了也不一定生，出生率怎能不低？年輕人不生小孩可以大大方方說成順應時代潮流，生了反倒是異數。

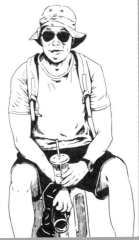

　　現在幾乎沒人問我為何不生小孩了，即使有，口氣也是正面大於負面。其實不管什麼口氣，我的回答都一樣，那就是凡事有好就有壞，父母不須強迫小孩，小孩也不要怪罪父母，各人造業個人擔，別管他人眼光是質疑還是羨慕，忠於自己最重要！

　　最近看了不少有關有小孩和沒小孩夫妻邁入中老年後生活狀態比較，大致總結各方講法如下：

　　◎沒小孩的優點：

　　經濟狀況較佳，自由自在經營生活，運動旅遊種花養草，如果願意，可以養毛小孩彌補親情遺憾。

　　◎有小孩的優點：

　　人生經歷完整，生養小孩雖辛苦，身為父母可以同時學習成長，看著自身生命延續，享受兩代愛的分享。

　　◎共同看法：

養兒防老觀念已過時，有沒有小孩和晚年生活品質無關，和有沒有 4 個小朋友（錢）才關係密切。

　　◎結論：人生無完美，只要出於自願，所有選擇都是最好選擇！

記帳掌握花費
確保收入大於支出

利用記帳了解金錢流向，做好財務管理，讓被動收入大於支出，確保退休後錢一直夠用！

退休族最擔心「人在世間，錢已花光」，這是人之常情，窮困的老年生活誰都不想過，但如果因此造成不敢花錢，顯然也無法過上有滋有味的退休生活。如何才能用有限資源達到最高效益，同時又確保錢財沒有用盡的一天，相信是所有人都希望達到的目標。

要做到，首先，必須真正相信並建立之前所述的「足夠就好」觀念。許多人嘴上說同意，實際上對「足夠」

存有不切實際想法，常聽人說「什麼是足夠？要決定好難」，代表的正是缺乏正確觀念。

其實要決定錢是否足夠並不是那麼困難，難是難在資源有限，人的需求卻無限，因此容易落入「享樂跑步機」（Hedonic Treadmill）陷阱，滿足一個需求立刻產生另一個更大需求，如此循環，就像在跑步機上追逐享樂，永遠不可能跑到終點。

為什麼許多人抱怨錢太少卻沒人抱怨錢太多？因為不停追求更多更好是人的天性，即使知足常樂的道理人人懂，但有多少人能真正做到？如果做不到當然就無法實踐「足夠就好」，於是經常處在憂慮匱乏的恐懼之中，難以享受退休之樂。

說穿了，「足夠」不過就是「收入大於或等於花費」，其中有兩個要素，一是收入，二是花費。收入部分，除非錢多到無須理財，否則相信沒有人不清楚自己收入多少，但說到花費，不清楚支出多少，或支出到哪去的則大有人在！

要確認花費最關鍵動作是：記帳！唯有透過記帳才能搞清楚花了多少錢，花到哪裡去了，以及是否因此滿足生活各種需要，清楚這些才能決定什麼叫足夠，並依此來管理財務，不記帳就可能增加不必要花費，或不確定收支是否平衡，因此常處在憂慮之中。

　　記帳的第 2 個好處是確保錢花在刀口上。花費可分為「必要」和「想要」兩種，如飲食、交通等是必要，非花不可；娛樂、旅行等則是想要，不花日子還是能照過。倒不是說不該把錢花在想要上，而是必須訂出花費的優先順序，記帳可以達到此目的。

　　記帳的第 3 個好處是可以幫助時間管理。例如，透過記帳了解買衣服和買書的花費各是多少，依此在同樣總數前提下，少買衣服多買書，結果就是少花時間逛商場，多花時間逛書店，而買來的書必須花時間閱讀，更進一步改變生活中的時間分配。

　　記帳不止要記日常花費，非日常花費如換車、換 3C 產品、裝修房子等久久才發生一次，金額通常較大的花

費也必須列入考量。這代表記帳不能只記短期，起碼得記 2 年以上才能較清楚完整支出狀況。此外，還要留一筆緊急狀況下可以立刻動用的資金。

　　一旦清楚了解金錢流向，退休族的財務管理就容易多了，只要把支出和從理財中獲得的被動收入相比，就了解是否「錢一直夠用」。如果被動收入大於支出當然最好，代表即使在離開人世時，退休金（包括房產）依然原封未動，這是最保守做法，但不容易做到，而且不符合「破產上天堂」原則。

　　如果被動收入不能完全支付花費，那就要考慮以下幾種可行性：

1. 想辦法增加收入

　　個人不建議透過更積極理財增加被動收入，因為高回報必定等於高風險，退休族承擔不起。如不靠理財就必須繼續工作，這時的工作如能兼顧興趣、意義，又能保持社會連結，不失為一個好方法。

2. 減少支出

　　退休後這方面能做的事很多，例如不用或減少使用汽車，從換車、維修、保險、加油省下來的費用相當可觀，異地退休更是能立即見效的省錢方法。其他如減少「想要」花費，包括買奢侈品、不必要應酬，乃至旅遊等都可以降低花費。

3. 盡量往「破產上天堂」靠攏

　　也就是在不留，或只留限量金額遺產前提下盡量花光個人名下所有資產，當然不可能算得剛好，重點是不怕動用老本，只要確保不淪落為下流老人就好。如果願意這麼做，能夠動用的資金自然增加，財務自由門檻自然降低。

　　「人在世間，錢已花光」固然悲慘，「人在天堂，錢在銀行」顯然也不是多數人的期望。個人完全同意要量入為出，但不建議為老年醫療，或留遺產給子女而不敢或不願花錢。畢竟走一遭人生的目的不是為長命百歲

或為子孫賺錢，而是盡可能累積人生經歷，為此，該花的錢不要吝惜。

還有一點需要認真考量的因素是時間，東方人通常不願面對死亡這個課題，思維行為就像可以永遠活在世上一樣，尤其財務管理更是如此，從年輕到老只是一味累積財富，卻沒有仔細想過金錢之於人生的真正意義，某天忽然面對大限將至才開始感嘆後悔。

看過不少很會存錢、省錢，卻不斷延遲花錢的長者，到了晚年才發現有錢沒地方花，或沒能力花，正是沒有考慮時間因素的後果。有句話說「窮得只剩下錢」，這裡的「窮」指的是人生經歷，人們講投資通常指增加財富的手段，其實把錢花在增加經歷上才是最值得的投資。

每個人價值觀不同，對於金錢的運用自然不一樣，共同目標是直到臨終前都有錢可用，過程中如何取捨就看個人選擇！

退休理財秉持3原則
年獲利5%為目標

退休後風險承受能力低，重點不是累積財富，而是在不動用到老本下確保有錢可花。

　　說了這麼多，現在就來談談退休理財究竟該怎麼做吧！首先聲明，我不是所謂的理財達人，無法教導各位理財撇步，讓財產快速累積，並且因而得以提早退休，從此過著幸福快樂的日子。

　　不但我做不到，我也不相信任何人做得到，坊間有太多教人如何在短時間內致富的方法，我一個都不信。因為如果真能如此，這些專家達人何必還要靠收版稅、

上媒體、開課程等方法辛苦賺錢,倒不是說他們都是騙子,他們只是利用人性貪婪吸引願者上鉤而已。

我相信的方法很老套,大致不出 3 件事:努力工作、異地退休、謹慎理財!針對理財這部分,退休後的做法顯然和退休前不一樣,因為工作有固定收入,投資可以大膽一些,越靠近退休年紀越需要保守穩健,退休之後承受風險能力不能說歸零,但很低。

退休理財必須掌握幾個原則,一是長期穩定、二是分散風險、三是不碰不懂的東西。在這幾個原則下,能夠選擇的理財方法其實相當有限,像期貨、虛擬貨幣、衍生性金融產品等,除非是鑽研這方面專家,否則最好別碰,即使是專家,因為不符合長期穩定原則,退休後也最好別碰。

銀行定存風險很低,但除非利息能超過通貨膨脹,否則錢只會越存越薄;至於儲蓄險,之前提過不要把保險和理財混為一談,因為很可能兩邊的目的都達不到,剩下可以考慮的是債券、股票、基金、外匯,前 3 項有

相當程度相通性，尤其考量到分散風險原則，個人認為可以簡化成 ETF（指數股票型基金）。

外匯部分，不是指外幣買賣，而是放定存。這點有其特殊性，個人因為曾經在海外不同國家工作生活，對當地政經環境有一定了解，而且因為薪水領外幣所以有開立銀行帳戶，並長期保持一定存款額度。我不建議不熟悉當地的人，只因利率較高就買外幣生利息。

ETF 是近年很受歡迎的投資標的，其實它早就存在於市場，只是早幾年沒有受到足夠注意而已，原因是總有許多其他標的比它賺得又多又快。但隨著金融市場起起落落，尤其經歷幾次金融風暴後，人們開始發現 ETF 是在獲利和風險間一個相對平衡的產品，尤其適合對風險承受度不高的投資者。

上班族可以用定期定額方式投資 ETF，是累積退休金的好方法，但對退休族來說，重點不是累積財富，而是在不動用到老本的前提下確保有錢可花，做法是放一筆資金在可配息的 ETF 上，然後就不要再三心二意，不要

管市場如何變化，也不要管最新流行產品，乖乖長期領配息當生活費就好。

ETF 的種類很多，除非對某種行業或市場特別了解，否則建議盡量分散，例如 50 大企業等。至於選擇何地市場，個人看法是選美國或世界，這樣說有點「不愛國」，但從獲利和風險角度看，海外市場畢竟較大，選擇較多，講到錢，人還是現實點好。

外幣定存除了有風險低、利息高的好處外，還有分散風險的功用。所有貨幣都有升值和貶值的時候，資產分散在不同貨幣，通常一個升另一個就貶，反之亦然，能夠抵消可能的匯兌損失。

一直沒有提到的投資方法是房地產，的確許多人靠此發家致富，但個人不建議退休後從事房產買賣，因為風險太大，當包租公太麻煩，且不能保證賺錢。有些人期待靠養房養地積累未來財富，所謂意外和明天不知哪個先來，為了未來的不確定而犧牲眼前幸福不值得。

說說我自己退休至今的理財做法吧！再次強調我不

是專家，但退休至今快 20 年還沒破產，而且還能經常旅行，應該有些值得參考的地方。

2006 年剛退休時我的資產大都放在外幣定存，小部分放基金。當時的澳幣和人民幣長年期定存利率都在 5% 左右或更高，符合我的需求，也因此當 2008 年遇上全球金融危機時我的損失相對較小，但是從那時開始各國採行貨幣擴張政策，利率大降，只好將部分定存資金轉入 ETF。

眼前的資產布局以美國 ETF 和外幣定存為主，加上以台幣計價的房產，共有 4 種不同貨幣資產。剛退休時我的獲利目標是 6%，現在則調整為 5%，到目前為止都可以順利達成，不是每年，而是平均，這些回報形成被動收入，還記得嗎？財務自由就是「被動收入大於或等於生活支出」。

至於房地產，我過去一直認為老家台北房價過高，於是把房子買在當時工作的北京，退休回台把北京房子賣了，定居在房價低得多的高雄，自然多出一筆可以產

生被動收入的資金。

　　過去 10 幾年經常有親友提醒我北京房價又漲了，言下之意是我賣太早而蒙受損失，我聽完只是笑笑，心裡倒覺得還好賣得早，才有至今 10 幾年精彩豐富的退休生活，賺錢的目的不就是為了更好的生活嗎？如果等到現在或更晚才賣，確實能賺更多，但大概只能抱著一堆鈔票卻沒力氣花。

　　以上是我的理財方法，做個參考就好，不須拷貝貼上，但原則必須遵守：長期穩定，分散風險，不碰不懂的東西！

人多的地方不要去 理財也一樣！

認識的人中不少買股票，聚在一起有聊不完的股票經，過去這段時間更不得了，不管走到哪都聽到人們談股票，我平時不關心股市，看媒體報導才知道台股創新高，新推出的 ETF 被搶破頭。

除非中樂透，否則投資理財本就是達到財務自由的必要手段，年輕時積極一些，退休後保守一點，別人貪婪自己恐懼，別人恐懼自己貪婪，人多的地方不要去，這些都是連我這種理財小白都知道的常識，卻似乎每隔一段時間就被人們集體遺忘。

我不懂股票，但懂得要過好日子需要錢，要錢就要投資理財。我也明白除了錢，過好日子還需要平靜心情和健康身體，在這些前提下，我的投資策略符合 2 個條件：一長期、二分散！投資標的以 ETF 型基金

為主，投資時間起碼 5 年以上。

　　這樣的投資帶來平均每年 4 ～ 5% 的收益，符合我對風險和回報的預期，我因此不須關心股市，把時間精神花在愛做的事上。有人說他愛做的事就是買賣股票，我不相信，花過多心思理財和賭博無異，賭博會令人興奮刺激，但不會令人平靜喜悅。

　　有句話說「人從歷史中學到的最大教訓，就是人從不從歷史中記取教訓」，我真心希望所有股民發大財（雖然那有違股市常理）。至於我，已經受夠了年輕時被恐懼和貪婪擺佈的生活，人生下半場選擇用喜樂心情，有限財富，創造最多美好人生經歷。

 退休後理財也要慢下來

　　退休後的投資理財須把握 2 個原則，一長期、二分散，目的不是賺錢，而是穩健被動收入，平日養成記帳習慣能確保量入為出。簡樸生活對達成財務自由門檻，消除金錢焦慮大有幫助；異地退休進一步活化財務，化不可能為可能。

退休後的自我實現

發掘興趣與嗜好
找到人生新目標

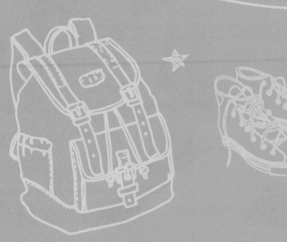

- 人生下半場 只要喜歡什麼都可以！
- 退休後不無聊！學習、玩樂、工作合一
- 從興趣著手 開拓其他收入來源
- 別為省錢而節儉 聰明花錢更重要

人生下半場
只要喜歡什麼都可以！

退休是人生另一階段的開始，尋找職志，實現自我的需求成為新的人生目標。

我一直不喜歡「退休」這兩個字，給人的感覺是「退」出職場，「休」息終老。這個名詞適用於沒有退休制度的農業社會，農民工作到做不動為止，然後在家養老。現代退休制度是催生工業革命的英國人發明的，而英文中的 retirement 只有「退」，沒有「休」的意思。

現代退休既代表人生某個階段的結束，更代表另一個階段的開始，這個階段我認為是現代人人生至此最自

由自在的時間，而且因為壽命增加的關係時間很長，不好好利用太可惜。

利用的方法，我認為首先要建立「人生下半場」的觀念。離開職場不是從此看看電視，無所事事，而是像球類比賽的上半場結束，進入更關鍵刺激的下半場，這時生活內容可以延續上半場，也可以完全重起爐灶，無論如何，都要做符合內心需求的事，否則就失去意義。

我們小時候都知道什麼事符合內心需求，反倒是越年長越不清楚。多數人的人生上半場都在追求名利中度過，目的是為立足社會，出人頭地，如此追求無可厚非，但來到下半場，名利帶來的滿足感大幅下降，被想要發揮老天賦予的特點長才，也就是自我實現的需求所取代。

要發揮特點長才就要從事職志，如果不知道職志是什麼就要去尋找，方法之一是重新審視自己的興趣嗜好，因為職志正是興趣嗜好中最突出那一項。人們通常年輕時很清楚，也經常做它，進入社會就被主流價值和規範掩蓋過去，以致忽視興趣、嗜好對生活幸福的重要性。

這樣的價值觀經常被帶入人生下半場而不自知。職場上人人都說自己是人在江湖，身不由己，離開職場後，出於慣性，即使人早已不在江湖，卻仍然自認身不由己。明明愛做的事，因各種莫須有原因不去做，通常是因退休後不能回歸自我造成，需要相當程度反思內省才能擺脫束縛。

　　之前提過看書和旅行是我進入人生下半場重新認識自己的好方法，這 2 件事能幫助人們認識外界。讀書可以了解古今中外人們的思想邏輯，旅行見識世界各地不同文化的多元同異，一旦對外界理解夠多、夠深，自然會反射照出內心，將真實自我呈現出來。

　　認識自己是走上自我實現的第 1 步，也是最關鍵的一步。做到這點，塵封許久的內心需求自然釋放出來，眾裡尋他千百度卻不可得的人生職志，其實就在眼前。只須拋開雜音，放下包袱，從自己會做、喜歡做，做了感覺有意義的事中挑出最突出那一項就可以了！

　　所謂探索興趣嗜好其實根本不需要探索，而是重新

發現。只要是自己曾經愛做的事，不要擔心技藝生疏，不要考慮他人眼光，堅持去做就是了。也不要考慮目標，順勢而行，能走到哪就走到哪，走不通換條路走。記住！從事職志的目的不是出人頭地，是自我實現。

舉例，有一個人從小喜愛音樂，進入社會後從事的工作和音樂無關，成家立業的壓力讓他和音樂疏離數十年，退休後生活缺乏重心，想重拾音樂嗜好卻不知如何開始，擔心年紀太大，又怕他人笑話，更沒把握一旦投入是否可以達到預期目標，以致時間在猶豫不前中蹉跎過去。

這個人該做的是義無反顧擁抱曾經喜愛的音樂世界，即使一切都要重新開始也沒關係。技藝會生疏，天生的熱情不會熄滅，而且歲月累積出的經驗與智慧，能讓他用和年輕時不同心態欣賞音樂。在練習過程中不需要和他人比高下，只要和昨天的自己比，有進步就代表走在正確道路上。

他或許心中有能公開表演，或甚至更高遠的夢想，

如果夢想能實現當然最好，但不代表自我實現道路已經走到終點。因為樂趣和意義沒有終點，如果不能完成夢想也沒關係，柳暗花明又一村，他或許可以成為樂評人、音樂教師，或純粹只是用音樂陶冶性情的欣賞者。

我個人的經歷是，退下來大概花了 1 年左右摸索生活新重心，一開始處處碰壁，總覺得不管做什麼都得不到相應回報，浪費時間。後來轉變心態，喜歡做什麼就去做，先不管結果如何，反倒逐漸走出一條不在預期內的大道。

我喜歡寫東西，但從學校畢業後就沒有認真寫作過，工作期間只寫制式商業書信，離開職場猶豫許久才開始嘗試，成立一個部落格隨意寫，當時只想記錄生活，有一天突然發現有人按讚，感受到與人分享的樂趣，更加強持續創作的熱情。

累積一定數量作品後我開始向出版社投稿，前後投了 20 多家終於有一家有反應，但須全部重寫。我不厭其煩照要求重寫，從而出了第 1 本書，銷量不佳卻士氣大

振。至今已出版多本書，不是本本暢銷，也不曾得任何獎項，但我完全不在意，因為知道自己正走在自我實現道路上。

探索職志過程並不困難，難是難在內心有雜音，消除雜音的關鍵在認識自己。人生上半場選擇不多，進入下半場不要再被外界眼光牽著鼻子走，堅持做會做、喜歡做，有意義的事，自然形成功利之外的人生新目標，生活因此充滿源源不絕的樂趣和意義。

退休後不無聊！
學習、玩樂、工作合一

所謂的「活到老，學到老，玩到老，工作到老」，就是把學習、玩樂、工作三者合而為一。

　　許多人認為退休的意涵就是從此不再工作，這在現代社會是個完全不正確的觀念。人活著一天就要工作一天，尤其現今壽命大幅延長更是如此，但前提是不要把工作的定義窄化到只是賺錢而已，它仍然可以是賺錢工具，但更重要的是自我實現的手段。

　　所謂「活到老，學到老，玩到老」，其中的「學」和「玩」其實都可以和工作融為一體。例如，有人退休

後到孤兒院當義工，透過玩耍學習如何與小朋友相處，過程本身既是玩樂也是工作；有人愛畫畫，學習繪畫技巧的同時也是最好的消遣娛樂，完成作品自然屬於工作成果。

事實是學習、玩樂、工作這 3 件事本該融為一體。只有學習沒有樂趣，就像只為考試升學的枯燥學生時代，一旦畢業所學就還給老師；只有玩樂沒有挑戰，時間一長必定失去樂趣，需要更大刺激，以致落入「快樂水車」陷阱；而只有工作沒有學習或樂趣，豈不就像沒有退休？

人生下半場日子要過得好就必須納入這 3 個元素，做法可以從興趣嗜好著手，做自己愛做的事必然有樂趣；克服挑戰帶來學習成長的成就感；把興趣當成工作長期經營，有益完成人生目標。這麼做乍聽之下很接近在職場工作，差別在於退休前做的是他人要求的事，退休後做的是發自內心想做的事。

我退休第 1 年犯了一個錯誤，就是把生活塞滿可以產生小確幸的事物，例如睡到飽、追劇、和朋友聚餐、旅遊

玩樂等，結果很快就感到無趣，持續加碼的結果感覺更糟。後來看了許多相關書籍，靜下來聆聽內心聲音，才理解生活只有玩樂，缺乏學習和挑戰是枯燥無趣的主因。

於是做出大幅調整，將生活規律化，做到不需鬧鐘即可早起早睡。再把運動放入日常作息中，有氧、重量、伸展平均分配，每週 5 ～ 6 次，天氣好壞都不受影響。減少無目的看電視和上網，每天睡前留出 1 個鐘頭閱讀，追劇改成每週看 2 部電影，婉拒無意義的聚餐吃喝等。

在規律日常作息前提下，再把喜歡做的事填進去，其中包括旅行、寫作、彈吉他等。以旅行為例，雖然一天多數時間在路上，閱讀、運動還是不可少；寫書也是一樣，不會因某天文思泉湧想多寫就熬夜；街頭藝人表演控制在 1 週 1 次，不因此干擾到其他想做的事。

所有這些活動都有學習、玩樂、工作的元素在內，和人生上半場不同的是，這些全都是自己主動想做，而不是被外界要求必須做的事，做起來自然動力十足，樂在其中。

至於刻意減少的部分，追劇花時間，每次看完一個系列總有浪費生命的感覺；和朋友吃喝聊天很好玩，也可算是維持人際關係，筵席結束卻有一種空虛感，關係維持了情感卻沒有增進，更別說吃多喝多影響健康；經常無目的看電視只代表一件事：生活太無聊了！

不須拘泥於如何分配學習、玩樂、工作的比例，有些活動本身就包含這 3 種元素，很難劃分清楚。此外，生活中還有一些值得花時間去做的事，以下以一個愛畫畫的人為例，試著為他安排一個合適的行事曆。

- 早上 6 點半起床，梳洗完出門散步半個鐘頭
- 吃早餐計畫一天活動
- 8 點開始畫畫 2 個鐘頭
- 運動健身 1 個鐘頭（戶內戶外不拘）
- 休息沐浴完吃午餐
- 餐後小睡 20 分鐘，起來繼續作畫
- 晚餐前 1 個鐘頭出門購物或辦雜事
- 晚餐後看電視或電影

- 9 點半上床讀 1 個鐘頭書後就寢

這樣的時間分配有幾個重點：首先，留出充足睡眠和運動時間，這 2 件事是身體健康基礎，再忙都不可妥協；其次，把最精華時間留給職志（畫畫）；第三，安排足夠休閒娛樂和閱讀時間，細節當然可以視狀況調整，但以上 3 個原則必須盡量遵守。

這其中，先不談睡眠和運動，散步是休閒，畫畫是學習加工作，看電視、電影是娛樂，閱讀則是學習加娛樂。此外，再加上看畫展，與同好相聚，偶爾出外旅行看世界，對這個人來說，這樣的活動和時間安排正是「活到老，學到老，玩到老，工作到老」的典型模板。

有些退休族經常抱怨生活無聊，時間難排遣，通常是沒有做到上述 3 個原則的結果。還有些人常把「以後有空再說」，「等到 XX 時候，我要去做 XX 事」掛在嘴邊，反映出的是沒有活在當下。事實是，他們等待的時機或狀況很可能永遠不會到來，而生命就在等待中蹉跎流逝。

退休不等於不學習，也不等於不工作，放棄學習和

工作等於放棄自我實現。人生下半場必須調整心態，不要再把學習和考試升學劃上等號，也不要把工作和賺錢劃上等號，讓學習和工作回歸它們的原始含義，透過學習、玩樂和工作，活出有意義的人生。

生活的優先順序！

到已退休朋友家作客，40多坪大的房子有個不小客廳，卻被各種家具塞得連走道都快沒了，家具上堆滿各種雜物，必須清開才有地方放屁股。

屋主是個宅男，平時在家愛看電視購物頻道，還有上購物網站選購各種物品，他說許多買來的東西很少使用，有些甚至拆開後就直接丟在一旁。

另一位同樣是已退休朋友，小小的家裡清潔整齊，家具不多但很實用，她說她很少購物，並且規定自己每買1件新衣服就要丟2件舊衣服。

她的興趣是旅行，但不買紀念品，她說年紀越大越清楚自己要什麼，為了不受無謂影響，於是將身邊物品、事務，乃至社交圈都盡量簡化。

2位朋友的生活態度大不同，前者追求更多更好，卻始終得不到滿足，經常焦慮抱怨；後者排除干擾，專注做自己愛做的事，經常笑容滿面。

其實不只金錢，時間也有類似特點，越是集中用在自己身上，而不是外界看重的地方，越有可能成就有意義和樂趣的人生。

年輕時積累資源無可厚非，因為心神未定，時間大把，一旦年過中年，如果還不想清楚優先順序，生活很容易就會被用處不大的雜物、雜事、雜人淹沒！

從興趣著手
開拓其他收入來源

> 退休後既能賺錢、又不會浪費時間的事，就是做自己
> 會做、喜歡做，感覺有意義的事。

退休後可不可以賺錢？當然可以！但出發點很重要，如果仍有生存問題，工作賺錢就是不得不為的事，但一旦跨越溫飽線，選擇就變得寬廣許多。雖然沒有人嫌錢多，但不要忘了賺錢必須付出相應時間、精神和勞力。人的壽命和健康有限，必須問自己，人生下半場為賺錢犧牲這些，值得嗎？

有些人依然認為值得的原因是在傳統觀念裡，即使

人們嘴上不說，潛意識中卻默認金錢永遠至上。這種價值觀已然形成一種不成文共識，日常生活中人們表現出來的許多情緒和行為，如羨慕、嫉妒、嘲諷、歧視、尊敬等經常都和金錢脫不了關係。

正因如此，說錢「夠用就好」的人比做的人多得多。其實退休後工作賺錢讓生活更舒適點無可厚非，但如果賺錢是受金錢多多益善觀念影響，就不值得鼓勵了。「夠用就好」的含義不是吃飽肚子，無所事事，而是在不須煩惱溫飽前提下，空出時間心思去做真正值得做的事。

退休後可以做哪些既賺錢，又不浪費時間的事？這件事必須和個人職志有關，也就是會做、喜歡做，做了感覺有意義的事。以會做為例，在職場工作幾十年，必定在某個領域有豐富經驗，退休後以顧問身分繼續發光發熱，或自行創業將技能轉換成生財手段，可能是退休後最簡單直接的賺錢方法。

但這麼做也有需要注意的地方。首先，當顧問很難保持原來收入水準，時間也沒保障，而且顧問不負直接

責任，自然少了原本在組織中的地位和權利，必須調整心態，這對一個職場老兵來說，不是件容易的事。

我有類似經驗，剛退下來，因為年紀還輕，有其他企業透過獵人頭公司找上門，當時我對另一個朝九晚五職位沒興趣，但當有企管顧問公司找我做兼職講師時，我答應了，考量的正是，雖然不缺錢，能利用閒暇時間和現成技能賺錢，何樂不為？

斷斷續續做了幾個月，收入不差，卻發現過去在企業工作，需要和同事一起打拚，共同負責成敗，雖然辛苦，但團隊合作的感覺很充實，講師工作沒有 KPI，基本事不關己，缺乏成就感。更重要的，所謂的「閒暇」其實不如想像，工作時間經常干擾到退休計畫，有違初衷，於是喊卡。

自行創業更需要小心謹慎，退休的確是最能實現個人夢想的人生階段，如果年輕時一直有創業心願，例如利用退休有錢有閒開一家特色咖啡廳或酒吧，經營民宿，或利用人脈成立企管顧問公司等，既能結交同好，過老

闆癮，還能賺錢，豈不完美。

但事實是，當老闆很吸引人，辛苦程度卻往往超出想像，替人打工還能偶爾偷懶甚至擺爛，老闆要偷懶乾脆直接關門。指揮員工看似威風，碰上難搞的人勞心費力，而且請神容易送神難。打工下班就是休息時間，當老闆基本全日全年無休，全副心思都在生意上。

更大的問題是盈利，賺錢固然很棒，賠錢怎麼辦？退休後積蓄有限，創業需要成本，把老本投入創業風險太高。有人為了愛喝咖啡和結交同好而開咖啡廳，付出的代價卻可能是人生下半場幸福，有句話說：「愛喝牛奶，不須要養頭奶牛」，值得退休創業者三思。

除了從投資金融市場賺取被動收入外，個人認為退休後最好的賺錢方法是和興趣嗜好掛鉤，做會做、喜歡做的事，還能賺錢，一舉數得。那麼是哪些事，又該如何做呢？

在此再拿愛畫畫的人為例，退休後有充足時間練習繪畫技巧，參觀美術館，參加相關課程等，同時也可以

將所學傳授給他人，成為社區大學老師，或美術館兼職員工等，當技藝達到某個程度，甚至可以開畫展，賣畫賺錢，或成為策展人、導覽人等。

同樣是工作，人生上半場的工作內容大都不能選擇，喜歡的部分要做，不喜歡的也要做，時間一長，不喜歡部分很容易蓋過喜歡，加上沒有時間自由，這就是多數上班族感覺工作沉悶無趣的原因。人生下半場的工作和興趣重疊，自然不會感覺無聊厭倦，而當從事喜歡的事務時，學習成長速度必定特別快。

我離開職場 10 幾年以來一直有工作收入，包括版稅、演講費、媒體通告費等，這些都來自從事職志：寫作！離開職場我把退休經驗、生活見聞記錄在部落格中，累積一定數量後集結出版，因而獲得作家這個新身分，於是更努力創作，連續出版多本書籍，並由此獲得演講機會和媒體邀約。

另一件我喜歡做的事是旅行，我把它和寫作結合，出版過幾本遊記。我用版稅、演講等收入投入更多旅行，

獲得更多見聞，出版更多書籍，形成一個循環，雖然收入金額不高，由此賺得的錢花起來特別有滋有味。

我另外還有一個賺錢手段，那就是成為一個街頭藝人。出發點本是和有相同嗜好的人分享音樂，但不免俗的也在表演前方放置一個打賞箱，平均一個晚上有幾百元入帳，有幾次超過 1 千元，就能讓我高興好幾天，不是因為錢多，是因為受到聽眾認可。

自從把作品從部落格改到粉絲頁後，我又多了一個「網紅」身分。許多知名網紅會藉由業配、代言、稿費等方式賺錢，我不希望因此影響寫作方向和內容，所以即使有不少廠商找上門，仍選擇不用這些方式賺錢，不是自命清高，只是不忘初衷而已。

所有以上賺錢方式都起因於做自己喜歡的事。因為喜歡，所以即使沒有收入也願意做；因為喜歡，相關技能可以得到快速提升；因為喜歡，因此不介意過程中的辛苦；因為喜歡，賺錢的同時生活變得更有樂趣和意義，這一切前提正是找到，並堅持從事屬於自己的職志。

別為省錢而節儉
聰明花錢更重要

節儉的目的是為了把錢花在值得的地方，滿足生存需求後，還要懂得如何聰明花錢！

我們從小到大做任何事的出發點幾乎都跟錢脫不了關係，即使是在沒有生財能力的求學階段，念書為考試，考試為升學，升學為找工作，工作到頭來還是為賺錢。教育改革數十年，初衷是適性揚才，現實卻是什麼科系好賺錢就念什麼科系，已然成為社會不成文共識。

雖然遺憾，卻是現實考量，人總得求得溫飽才能談追求夢想，回饋社會。人生上半場努力賺錢，用力省錢

天經地義，因為這樣才能盡早跨越財務自由門檻，進入不須再為生存煩惱的人生下半場，做自己真正想做的事。

但這麼做有 2 個可能的副作用，首先，如果學校所學和職場工作內容並非自己喜歡或擅長，冗長歲月很可能在沉悶無趣中度過，即使進入人生下半場仍難以解脫。因為人生上半場從未探索過內心需求，不清楚人生職志，即使有興趣嗜好，也因疏於接觸而無法養成習慣。

另一個副作用更嚴重，大半輩子賺錢、省錢的習性，不會因為退休一夜之間有所轉變。我們身邊經常可見明明不缺錢的銀髮族，依然過著極端節儉的生活，節儉當然是美德，但沒必要為省錢而節儉，因為節儉的目的應該是讓人把錢花在真正值得、有意義的地方。

有句話說「賺錢是徒弟，省錢是師父，花錢才是一門學問」。賺錢、省錢的道理人人懂，差別在有人做到，有人做不到，但聰明花錢的道理還真不是所有人都清楚。之前說過「破產上天堂」，亞洲人通常有存老本，或留遺產的觀念，自然限制退休後花錢實現夢想的可行性。

究竟什麼是聰明花錢？我認為可分成幾個層次，第1層是顧溫飽，養不活自己自然不用談其他；第2層是顧家庭，照顧好家庭才有心思做想做的事；第3層是顧醫療，讓老年生活沒有後顧之憂；第4層則是求自我實現。以上順序和馬斯洛需求理論中的需求順序相當接近。

　　人生上半場努力工作，積累財富的目的是達成前3個層次目標，重點在滿足需求，不是求得完美。以溫飽為例，錦衣玉食可以過日子，布衣蔬食一樣可以，同理，照顧家庭和醫療也是以足夠為前提，而不是奢求最好成為開銷無底洞，以致因欲求得不到滿足，而無法走上追求人生理想道路。

　　所謂聰明花錢就在於使用足夠但不過多的資源滿足溫飽、醫療等基本生存需求，再將剩餘錢財花在能夠幫助自我實現的地方。

　　這裡再以一個職志是畫畫的退休族為例，一旦他的日常生活花費不成問題，而且家庭責任已盡，就不須再像年輕那樣省錢和存錢，而是將積蓄花在買繪畫工具、

上課、看展覽等能幫助他提升繪畫技能的地方。

　　許多退休族喜歡旅行，省吃儉用留出經費到處走走看看，有些人或許覺得浪費，因為把錢花在旅行上買不到有形的物品。表面看確實如此，但旅行換來的無形價值，如開闊視野、改變人生觀等都是看不見、摸不著的資產，當然也是人生下半場非常值得的投資。

　　聰明花錢經常碰到的障礙，除了過度的省錢、存錢外，還有一個是過不了「他人眼光」這關。由於過於在意所謂的「人設」，因而把錢花在能彰顯財富地位的地方，如名車、名錶、華服等奢華物品上。

　　如果買這些物品的出發點是喜歡，和他人眼光無關，倒也無可厚非，但這樣的人真的不多，大多數是嘴上不承認，但潛意識中面子至上的人。其實越好面子越得不到面子，以開名車為例，或許可以得到路人的注目禮，但與其說眼光中充滿羨慕崇拜，其實更多是對炫富的嗤之以鼻！

　　許多並不缺錢的人始終走不上自我實現道路正是被

卡在這裡，為了求得更多（自認的）他人尊重，把金錢和時間投入其中，以致忽視對從事會做、喜歡做、有意義的事的需求，這點正是沒有聰明花錢最常見的原因之一。

金錢物質生不帶來，死不帶去，這句話人人聽過，人人會講，但不是人人都能做到。退休後當然可以繼續賺錢，但不要為賺錢而賺錢，同理，不要為省錢而省錢，而是應該把重點放在追求理想上。跨越溫飽線後，凡是有助於實現理想的地方就是聰明花錢的地方；反之，不管花錢或不花錢都是一種浪費。

仔細想想，錢，其實並不值錢，只有用在對的地方才有價值，至於什麼是對的地方，各人看法或有不同，但相較於人云亦云，馬斯洛需求層次理論受到世人普遍認可，自有其值得參考之處，依照理論中定義的層次決定花錢優先順序，誠可謂聰明花錢！

NOTE

📷 退而不休人生更完美

　　現代退休重點是「退」，不是「休」，我離開職場重新開始閱讀、旅行、彈吉他，並找到人生職志──寫作，出版多本書籍，經營「老黑看世界」粉絲頁，出席演講和媒體訪談，從事這些不只是為活到老，學到老，也為玩到老，工作到老！

退休後的「最佳投資」

我用這種方式一直玩
不擔心會破產

- 經歷、回憶無價 旅行是最好的投資
- 旅行預算這樣規劃 不怕坐吃山空
- 跟團、自由行、郵輪 旅行方式各有優缺點
- 從旅途所見所聞 領悟不同人生風景

經歷、回憶無價 旅行是最好的投資

> 退休後不管是要修補夫妻關係、創造與子女的美好回憶、認識新事物……旅行都是最佳手段！

旅行的理由百百種，包含：增廣見聞、好玩、認識不同文化、度假、逃離日常……退休後更要旅行，不只因為財富累積和空閒時間比較多，也是因為這時的人生經驗達到高峰，體力還足以應付旅程顛簸，正是探索世界，豐富生命的最好時節，再晚過了一定歲數想跑都跑不動了！

有句話說：「旅行是唯一用錢能買到令人更富有的東西」。講到富有，通常人們指的是金錢或物品，這在人

生上半場為溫飽打拚的階段確實如此，但來到人生下半場，比那些更重要的是經歷，人到世間走一遭，目的絕不是只為了積累財富，揚名立萬，更重要的是獲取富有樂趣和意義的經歷。

買物品須要花錢，錢花掉財富自然變少，唯一例外的是旅行，旅行同樣須要花錢，但買到的不是物品而是經歷。從這個角度來看，退休之後把錢花在旅行上是最好的投資，因為人生經歷必定重於擁有物質，人也因為經歷的積累而在心靈上變得更加富有。

旅行是身為父母送給子女最好的禮物。日常生活中父母照顧子女，子女在父母羽翼下逐漸長大成人，過程中如果一味只有付出和接受，上下兩代人都很難過自己想過的生活。旅行培養小孩獨立自主習性，旅途中兩代人分工合作，相互尊重，形成平等健康的家庭關係。

一旦子女成年，不再須要父母呵護，上一代人得以自由自在地完成過去因照顧子女而難以完成的旅行夢想，下一代成家後帶領再下一代踏上旅途，如此手把手，代代

相傳，旅行在親子關係中扮演的角色，既是提供家庭成員溫暖的「根」，也是獨立飛翔的「翅膀」。

旅行也是退休族對另一半表達愛意的最好方法，夫妻相處幾十年，剛結婚時的濃情蜜意早已消逝，一起為家庭事業打拚的歲月，更多的是分工合作，攜手努力，關係像是工作夥伴，而不是親密伴侶，終於進入人生下半場該是補修夫妻學分的時候了！

和老伴一起旅行，旅途中兩人不但互為分享快樂的旅伴，也是共同克服挑戰的伴侶，重回兩人世界或許不像年輕時充滿熱情，卻是夫妻關係最成熟堅實的時候，這時要向對方表達愛意不再是用鮮花巧克力，而是創造人生最寶貴的共同經歷和回憶。

旅行帶領人們認識世界的同時，也在認識自己安身立命的家鄉，一旦對外界有更清楚認識，自然會透過人我差異對家鄉產生更公正客觀的看法，促使人們在進入人生下半場後，發揮經驗長才回饋社會，為家鄉盡心力，完成有意義的人生任務。

旅行幫助人們用更理性的眼光看待事物，我們從小到大生活在熟悉的地方，很容易把遇到的人事物視為理所當然，旅行接觸陌生環境可以幫助開闊視野，認識不同文化，由此培養出同理心和包容心，成為一個合格的世界公民。

　　旅行帶領我們認識外人的同時，也在幫助我們認識自己。一個地方待久了價值觀容易定型，流於偏頗而不自知，旅行幫助我們認識外界，見到不同於自身的思想和行為自然會挑戰原有的認知，並做出調整，所謂「三人行必有我師」，正是這個道理。

　　觀察比較開闊的世界和不同文化，人的思維不再照單全收外界的賦予，而是更接近真實內心，旅行能提供給人們的不只是吃喝玩樂、美食美照、血拼購物，更是一個全新的自我，之前提過職志之於快樂生活的重要性，旅行就是認識自己，找到職志的最有效手段之一。

　　旅途中必然會遇到和自家生活環境不同的人事物，如果用「非我族類」的心態排斥逃避，就會失去旅行最

寶貴的成長學習機會。學習不表示全盤接受，任何文化都有其特色，認識並理解差異既有樂趣，也可培養同理心和包容心。

例如，南太平洋地區原住民天性好逸惡勞，個性卻奔放樂觀，和他們一起工作可以把人氣死，和他們交朋友卻是一大樂事。要從他們身上學到有用的東西就必須取其長、避其短，同樣的道理適用於所有文化和族群，一旦養成與人為善的習性，謙虛包容就成為旅行者的典型性格。

常聽人說自己「不愛旅行」，我對這個說法持保留態度。我自己就曾是一個自認不愛旅行的人，不是後來個性或嗜好變了，而是變得更認識自己。我發現過去大都活在外界眼光中，將價值建立在他人的嘴巴上，認清這點才能探索內心，找出藏在深處，塵封已久的真實喜好。

我認為沒有人是不愛旅行的，許多人認為日常生活枯燥乏味，旅行興奮刺激，許多時候確實如此，但那些不是區分旅行和日常生活的最主要元素，好奇心和求知

欲才是。有了它們，即使走在每天同樣的上班路上，都可以是一趟有滋有味的小旅行；少了它們，全世界最美的景物也無法令人感動回味。

人都有與生俱來的好奇心和求知欲，沒有人不愛看陌生美麗的景色，也沒有人不愛接觸新奇有趣的事物，人愛旅行的道理正在這裡！說自己不愛旅行通常是缺少用心嘗試的結果，建議自認不愛旅行的人敞開胸懷，多試一下，不用去很遠的地方，就可能因此眼界大開。

有人可能會問，既然旅行有那麼多功用，那究竟要旅行到什麼境界才算達成目標？這就像問從事職志何時能達標一樣，答案是沒有最終目標，只有不斷踏上旅途，不斷積累經歷，累了休息，老了放慢速度，但只要可能，就要繼續往前，持續不斷探索學習。

如果一定要講目標，那就是「帶著最多回憶，而不是最多夢想，離開這個世界」，人生下半場最值得珍惜的不是錢財資產、名聲地位，也不是子孝孫賢，而是美麗回憶。旅行，正是創造珍貴經歷和美麗回憶的最佳手段！

另一半是最佳旅伴！

有人說我退休後經常帶著老婆周遊列國，這句話有語病，因為我不是「帶著」，而是「跟著」老婆去旅行。

老婆天生愛旅行，我笑她體內流有吉普賽人血液，而我雖然年輕時也到過不少地方，但多數和工作有關，即使偶爾純度假，也常因惦念工作難以享受當下。

退休後第 1 年老婆拖著我跑了 2 趟自助旅行，1 次雲南、1 次歐洲，我一邊叫苦、一邊感到前所未有的成就感。再過幾年完成了 105 天環遊世界，我的旅行魂被徹底釋放，再也回不去了！

直到現在，老婆還是本旅行團的領隊，通常我們一起討論路線、時間、費用，然後她就開始張羅旅館、機票、簽證等事

宜，常有人問我旅行後勤問題，我不回答是因為回答不出來。

　　還有人問我夫妻相處之道，我不是兩性專家，只能就個人經驗說重點是「相互尊重」。結婚後我倆各有各的工作和生活圈，退休後相處時間變長，能一起做的就一起做，如旅行、看電影，不行也不勉強，例如她上健身房，我在家運動。

　　即使旅行，旅途中也是各做各的。她喜歡畫畫，我喜歡寫東西，旅途中所見所聞是共同主題，她畫、我寫，各自表述，過程中既是相互扶持的伴侶，也是教學相長的旅伴。

　　有人問是否吵架？我覺得這個問題很怪，有夫妻不吵架的嗎？當然吵，尤其旅行更會吵，只是有人一吵就翻臉，我倆吵完會復合，原因很簡單：有共同目標！不止是旅行目標，更是人生目標。

　　我想這就是所謂的夫妻相處之道吧！三觀一致，所有歧異都是小菜一碟，反之，代誌就大條了！

旅行預算這樣規劃
不怕坐吃山空

> 退休後的旅行花費不是必要支出，需要量入為出，收入減去生活消費就是旅行的預算。

人生上、下半場的旅行方式大不同，退休後時間多，可以從事更多遊山玩水，探索世界的活動。但在預算上必須更有節制，因為和工作時相比，退休後主動生財能力大幅降低，而既然旅行不是生活必要支出，消費的最重要原則必然是：量入為出！

旅行是我退休 10 幾年來最大開銷，但並沒有因此過上坐吃山空的生活，做法是每個月先留出日常必要開銷，

多年來的生活經驗讓我對這個數字早已瞭若指掌，然後再計算收入，包括投資帶來的被動收入，以及如版稅、演講費等主動收入。

收入和生活費用的差異就是我的旅行預算，要讓這個數字最大化有 2 個做法，一是增加收入，二是減少支出。對於退休族來說，增加收入不容易，較實際的做法是減少支出，也就是過簡單樸素的生活，盡量把錢用在能增加內心喜悅的事物上，這件事對我而言正是旅行。

我的生活費用相對固定，收入則視理財績效和接活動的多寡而定，結餘多，就多跑一點，跑遠一點；結餘少，就少跑一點，跑近一點。由於我的投資大都屬於長期穩健，接活動的次數也在可控範圍，整體收入其實也是相對固定，安排旅行因此不是件難事。

除了旅行花費，經常還有人問我旅途中須要注意的事項，我的回答是，所有技術性的事務都是小事，例如買機票、訂旅館、辦簽證、打包行李等，那些都可以學習並積累經驗，實在不行也可以付費買服務，旅途中真正重要

的只有 2 件事：健康和安全！

　　許多人認為吃喝玩樂、徹夜狂歡、血拼購物，才叫做休閒度假，其實完全不然，那麼做不但達不到充電休息的效果，還很容易搞壞身體，不要以為偶一為之沒關係，因為破壞原本規律的生活作息須要花好幾倍時間和精力才能補回來。

　　海外旅遊調整時差不容易，水土不服很正常，陌生食物更是一大挑戰，稍不小心，歡樂時光就會變調。浪費錢事小，人在海外就醫不易，如果不幸小病變大病更加麻煩。

　　因此當有人問我如何打包行李時，雖然我很清楚他們想知道的是和衣物相關的建議，但我第 1 個必問：藥帶足了嗎？衣物的問題好解決，保暖為主，不夠路上也能添購，貴重飾品能不帶就別帶，旅行不是參加宴會，漂亮衣物留到其他適當場合再穿戴。

　　旅途中需要隨時注意身體健康，盡量保持規律作息，不確定衛生的食物不要碰，千萬別熬夜，調時差已經夠辛苦，熬夜只會雪上加霜。如果到的是寒帶地區，不要低估

溫度影響，寧願多穿不要少穿，通常亞熱帶的禦寒衣物在寒帶地區不夠保暖，一定要添購適合當地的衣物。

另一個必須注意的事項是安全，常聽人說在旅途中被偷、被騙，甚至被搶，壞人當然很可惡，但要避免這些，期待壞人不存在是不現實的，更重要的是自己小心，不要成為壞人下手的對象。

英文有句話說：「let the pickpockets pickpocket somebody else（讓扒手去扒其他人吧）」，意思是扒手一定有，越熱鬧景點越多，和哪個國家或城市沒關係，要避免被扒最好的方法是讓壞人覺得你不好扒，轉而對其他人下手。

要讓扒手覺得不好扒的做法包括財不露白，不穿戴貴重飾品，不慌慌張張，不要只顧拍照不管四周環境，不把責任推給領隊等，換句話說就是言行舉止不要太像個觀光客。這麼說好像很簡單，事實是仍有許多人做不到，這些人就是上述英文中的「somebody else（好下手的對象）」。

旅行不管去哪裡都要小心，治安不好的地方當然更

加如此。通常每個城市都有治安聲名較差的「壞區」，最好事先打聽清楚，盡量避免進入，一定要去也必須結伴，進入後仍須提高警覺，看狀況不對趕緊離開，不少觀光客誤闖危險地區卻不自知，出事後再報警處理通常難以彌補損失。

　　做到以上提醒的事項就放心玩耍吧！我見過不少過度緊張的觀光客，東怕西怕以致無法享受旅遊之樂，沒必要，這個世界總體來說是個頗安全的地方，好人比壞人多得多，只要做好身為一個旅行者該做的事，就不需要自己嚇自己。總之，出門在外，顧好健康和安全，其他都是小事，快快樂樂出門，平平安安回家！

樂在旅行的西方長者！

在我過去 10 幾年的長途郵輪旅行中，遇見的船上乘客有幾個共通點：

- 他們大都是年長者，平均年齡 70 歲以上
- 他們大都是西方人
- 他們大都 2 人成行，少數獨自旅行

過去我都把他們當成與己無關的長輩，隨著年齡差距越來越縮小，我開始觀察他們的思想行為，以當作自己老後的借鏡參考，這才理解這個年齡還能自由自在地周遊世界，即使不是天選之人，也絕對是同輩中的佼佼者。

首先，他們顯而易見的身體很健康。長時間出門在外，面對旅途中各種顛簸挑戰，健康不好是不可能做到的，但這個年紀誰身上沒有一些病痛？他們也有，就像中古

車，只要保養得宜，常保堪用，即使性能不如新車，再跑幾萬公里沒問題。

他們的行為舉止沉穩有序，穿著打扮簡單樸素（正式晚宴除外）。大部分觀光客來到景點，衝刺美食餐廳、購物中心不落人後，這些長者則不疾不徐，碰上意外情況不慌不亂，吃喝玩樂適可而止，景區拍照以風景為主，較少拍人像，購物則偏好有地方色彩的小紀念品，鮮少買奢侈品。

他們大都愛玩愛笑、愛看書，對事物抱有好奇心，這點在航海日特別容易看出。他們參加船上安排的演講、課程、遊戲等活動很踴躍，抱著一本厚書或電子書閱讀器全神貫注閱讀的人也不少，相比之下，從亞洲出發的船上從早到晚都受歡迎的地方只有一個：餐廳！

可能最值得玩味的是他們和家人的關係，我因為

沒有子女所以行動較自由，但他們大都子孫成群，每當靠岸有免費網路時，可見到不少人和遠方家人視訊報平安，但幾乎沒有人和子孫一起出遊，這點和亞洲老人常要子女帶才肯出門很不一樣。

當然有可能是因為旅程時間太長，子孫要上班上學所以無法同行，但從交談中發現，他們在子女還小時經常親子同遊，一旦子女長大成家就基本各玩各的，年輕的不須要帶老的，老的也不要年輕的跟。

當我與朋友分享以上觀察時，最常碰到的反應是：他們是西方人！是沒錯，但重點是這些是否適合自己？對長輩和後輩是否有好處？如果答案是肯定的，那麼，這樣的思想行為來自東方、西方，還是南方、北方，who the mala cares？（管他去的）

跟團、自由行、郵輪 旅行方式各有優缺點

輕鬆方便的跟團、自由自在的自助旅行、走馬看花的郵輪、定點深入的 Long Stay，該選擇哪一種？

　　規劃旅行是一門學問，雖然每個人的喜好、預算、健康、家庭狀況不同，有些事還是有共通性的。

　　決定目的地顯然是規劃的第 1 步，問自己對什麼有興趣：風景？文化？歷史？食物？許多人只是看別人去哪就去哪，去了以後照表操課，到頭來得到的只是大家都曾經歷的事物，以及和他人類似的照片，這麼做與其說是擴大視野，不如說是「不落人後」。

其次，如前所述，沒有人是不愛旅行的，因為每個人都有好奇心和求知欲，一旦決定出行地點，規劃時務必善用這點，想清楚期望從旅程中獲得什麼？學習什麼？如何做到？不要只想拍美照、吃美食、購物等，那些沒問題，但遠不足以達到旅行可以達到的功用。

花費當然是重要考量，但一味追求 CP 值的結果容易背離出遊的初衷。旅行有各種省錢方法，吃得衛生，住得乾淨就好，不須過於講究，但不要因省錢而影響旅行的目的，譬如把有限時間過多花在購物行程上，難得到此一遊，這麼做太可惜。

旅行的方式是另一大考量，多數中老年人習慣參加旅行團，但也有些人喜歡自由自在的自助行，兩者各有優缺點。跟團輕鬆方便，有領隊帶領還可以和較熟悉的團員同行，缺點則是限制多，和團員一起行動既能形成安全的舒適圈，卻也構成與外界溝通的屏障。

跟團優缺點的反面就是自助旅行的缺優點，各人選擇無關對錯，但如果可能，我建議盡量自由行，原因是看

得更多，學得更多，經歷更多。有句話說「旅行者看到他看到的東西，觀光客只看到他來看的東西」，這和跟團及自由行之間的差異不謀而合。

　　旅行團通常走固定路線，行程較趕，也就是所謂的「上車睡覺，下車尿尿，景點拍照」，到此一遊，印象卻很模糊，一段時間後甚至連是否到過都記不清楚。自助旅行事事要自己張羅，麻煩歸麻煩，印象卻更深刻，還能學到許多有用的經驗，經驗累積多了，可以讓一個原本害怕陌生的人，勇於走入大千世界。

　　許多人不從事自助旅行是因為擔心語言，我在旅途中遇見的自助旅者中，多數是英文非母語的人，其中有英文程度不錯的、普通的，也有只會講幾個單字的。會講英文確實能幫助溝通，但效果有限，這世上講英文的人口比例其實不高，即使自己會講，溝通對象也可能一竅不通。

　　行走世界最有用的溝通工具其實不是英文，而是另外 2 個，一是微笑，經常面帶友善微笑的人，很容易打開對外溝通管道，人們對陌生面孔通常有防衛心理，但對

愛笑的人例外；二是肢體語言，人類在發明語言之前全靠比手劃腳表達心意，這項技能始終存在我們身上。

不管用什麼方式旅行，一旦出門務必入境隨俗，有些人身處異地常愛抱怨，如食物不好吃、景色不漂亮、天氣太冷或太熱、物價太高、人不友善等，期待旅行處處順心是不切實際的，既然來到貴寶地，就要調整心態，所有和家鄉不同的人事物都是旅途中值得觀察體驗的對象。

我過去 10 幾年到過近 100 個國家，主要的旅行方式是郵輪和 Long Stay，不是說這 2 種方式比較好，只是個人喜好而已，旅行方式沒有好壞，走出去就對了！

許多人認為郵輪只適合老人，這個想法其實不對。郵輪旅行輕鬆便利，不須一路打包拆包，在旅館、機場 check-in、check-out 等，確實很適合體力不佳的老人，但不代表不適合其他年齡的人。事實是郵輪公司很多，各家有不同目標客戶，有些適合親子遊，有些適合新婚蜜月等。任何旅行方式都有優缺點，郵輪最明顯的缺點是「走船看花」，到的地方雖多但停留時間較短，因此難以深度

認識一個陌生地點。但它的缺點也正是優點，得以在有限時間到訪大面積地區，例如地中海、阿拉斯加、拉丁美洲，甚至環遊世界等，都是其他旅遊方式較不容易做到的。

如果不喜歡郵輪，或其他走馬看花式的旅遊，也沒問題，挑一個喜歡的地方待上一段時間，深度感受和自己熟悉環境不一樣的風土人情，從中認識理解「非我族類」的生活和思維方式，不止樂趣無窮，也可大開眼界。

不管用什麼方式旅行，重點永遠是好奇心和求知欲。有人可能會說，現今電腦科技發達，只要按幾個鍵就可知天下事，何必出門？如果純就獲取知識來看，確實如此，但人生過程比獲取知識更重要的是獲取經歷，所謂行萬里路勝讀萬卷書，道理在此。

年輕時受制於外界，無法自由移動，中年過後借助現今觀光行業發達，得以輕鬆去到許多前人難以去到的地方，不因此好好認識安身立命一輩子的大千世界太可惜。況且，退休後經常宅在家對身體和心理都沒好處，別忘了「人不是因為變老才不愛玩，而是因為不愛玩才變老」！

在郵輪上退休？

　　「幸福熟齡」網頁曾刊出一篇文章引起不少網友討論，文章講述一對澳洲夫妻退休後將房子賣掉，搭乘郵輪 500 天周遊各地，他們說船上有吃有玩，服務超好，費用又不比養老院貴，何樂不為？

　　網友一面倒說不可能，認為是媒體亂編，有人留言說 500 天以後呢？錢花完，人還在，難道要跳海？還有人說這是安寧病房的業配文。

　　個人覺得那是文章沒有講清楚造成的誤解，這對夫妻並不是打算餘生都在船上度過，他們應該是在家鄉有一間小房子，或住在養老院，旅行結束回家，和親友相聚，「修理」身體，準備下一趟再出發。

　　文章沒有說明的另一件事是，澳洲養老院費用和生活成本比台灣高得多，澳

洲出發的郵輪費用（每天平均）卻比台灣出發的低得多，用台灣標準衡量這個做法的確不合邏輯，但從西方社會的角度看，只要身體健康，經濟條件不差，喜歡旅行，退休後多數時間在郵輪上度過並非不可行。

我就在船上見過這樣的人，而且還不少，這些人每年在郵輪上待1、200天，通常分成數趟航程，間隔時間則在家中度過，簡單說就是陸地上一個家，海上一個家，傳說中一年到頭住在船上的我倒是沒見過。

或許把郵輪艙房想成一間度假小屋或旅館房間比較容易理解，差別是郵輪會移動，帶著乘客全世界趴趴走，把日常生活和環遊世界相結合。

網友說把郵輪當成安寧病房是誇張了，卻不見得完全不對，郵輪乘客通常健康不差，但有些畢竟年紀大，難免碰上突發狀況，船上除了有急救設備，長途郵輪還備有臨時冰櫃，從和部分乘客聊天中，我知道

他們大都有這方面心理準備。

　　講這些不是要推廣郵輪的優點，只是說明東西方社會環境，以及對生命態度不同，造成退休生活方式不同。有一位網友留言說得好：退休選擇青菜蘿蔔，不管住在哪、做什麼，適合自己最重要！

從旅途所見所聞 領悟不同人生風景

有句話說「世界就像一本書，不旅行的人只讀其中一頁」，旅行中的見聞常成為印象深刻的記憶。

　　我一向都是和老婆一起自助旅行，旅途中接觸來自四面八方的英雄好漢，男女老少中外都有，每個人的經歷都既有趣又有啟發性。所謂「10年修得同船渡」，平時走在路上連正眼都不看的人，旅途中萍水相逢卻有可能成為無話不說的旅伴。以下是幾個印象較深的例子。

　　有一回搭郵輪到訪位於加拿大名為雪梨（不是澳洲那個）的小城，下船後我倆各自租了一台腳踏車，亂逛一

陣才發現小城其實一點也不小，我們很快就迷路了，停在一家超市門口研究地圖，這時從超市走出一對中年夫妻，見狀上來問是否可以幫忙。

得知是來自郵輪的觀光客後，他們邀請我倆將腳踏車放在他的皮卡後車廂裡，然後開車帶我們走訪小城所有值得一遊的景點，在餐廳吃中飯時還巧遇小城市長，市長送我們一枚市徽胸針作紀念，並將合影放在第 2 天的城市小報上介紹遠自台灣來的朋友。

過程中令我印象最深的一幕是，這位名為 Michael 的老兄開車開到自己也迷路，只見他隨意轉入一個住家車道，從屋內走出一婦人，2 人親切寒暄後婦人指出正確道路，事後我問 Michael 對方是朋友嗎？他說不認識，只是「當地人一定會幫助需要幫助的人」，我永遠記得他講這話時臉上理所當然的表情！

在另一趟長途郵輪旅程中，乘客大多數是已退休長者，唯一例外的是一位年約 10 歲的女孩和她的爸爸。由於是船上唯一的小孩，不管到哪都特別顯眼，我注意到她

年紀雖小但很愛跟陌生人講話，舉止也很有禮貌，老人家都很喜歡她，我還注意到當她和別人說話時，她爸爸從不打斷或插入。

後來在一次大家一起聊天的場合中，我才知道女孩的父親是位中學老師，女孩是自學者，和爸爸一起邊旅行、邊學習各種知識，時間因此不受學校限制。

有人問爸爸教女孩什麼課程？他說歷史、地理、文化、語言、禮儀、溝通，凡是長大成人後用得到的知識他全教，而且不只自己教，你們（他指著大家）透過互動也在幫忙教。有人問他用什麼教材？他說：「有什麼比旅行世界更好的教材嗎？」

這番話讓我對「教育」有了全新認識，經過這種沒有考試，沒有競爭的成長過程，女孩長大後會變成什麼模樣我不知道，但看她眼前明顯超出同齡人的行為表現，相信必然會成就一個精彩又有用的人生。

中南美洲的治安一向惡名昭彰，在那旅行需要格外小心，有一回在智利參觀當地一間著名教堂，結束後我倆

在附近閒逛，卻沒注意到已和人群走散，意識到時才發現四周街道上已沒什麼人，偶爾出現幾個走路或騎車的路人都對手握單眼相機的我倆投來異樣眼光。

我開始緊張，一時間卻又找不到離開的道路，就在四周氣氛越發不對勁時，小街上出現一位手提菜籃的中年婦人，她見狀用手勢示意我們跟她走在一起，我倆趕緊裝作跟她很熟的模樣，一起走回熱鬧馬路，後來我才知道那區經常發生觀光客被劫事件，可惜語言不通無法向婦人鄭重道謝。

另一回在船上餐廳吃飯時，隔壁桌坐一對來自美國的老夫婦，他們主動和我們攀談，老先生說他倆都已超過80歲，是高中同學，但不是一對，學校畢業後各奔前程，老先生原是軍人，老太太則在醫院工作，幾十年後，在他們70歲那年，才在同學會上再次聚首，並從此成為終身伴侶。

我稱他倆為老夫婦，其實我並不知道他們是否有婚姻關係，但那重要嗎？重要的是人生來到這個階段，能夠

和一位相知相惜的老伴，坐在郵輪上一起旅行、一起喝酒、一起吃飯、一起講老故事給年輕人聽，夫復何求？

有人問我經常旅行，有沒有碰過扒手？我說：沒有才怪！全世界的觀光景點都有扒手，越著名的景點扒手越多，和在哪個國家或當地治安狀況沒有關係，經常旅行的人，遇見扒手是日常，沒碰過才叫稀奇。

我和扒手交手的經驗包括在紐約買衣服時，被人順手牽羊脫下來的外套，和外套內的皮夾，那是我最早也是至今最慘的經驗，從此我學會責怪扒手沒用，報警也沒用（除非丟的是護照）。扒手固然可惡，換個角度看，他們只是在做他們該做的事，身為觀光客，如果不想被偷，就必須做好自己該做的事。

觀光客該做的事就是小心，出門盡量不帶貴重物品，只要自己夠小心就不會成為目標，或即使成為目標也不會有大損失。幾年前我在葡萄牙碰上扒手，當時正在等電車，2個站在後方的年輕人用小刀劃開我的後背包，我上車後才發現，所有的損失就是那個背包，因為裡面沒有任

何值錢物品。

　　還有一回更離譜，在聖彼得堡一個熱鬧景點，大家都仰頭觀看一個地標建築，扒手就那麼明目張膽地將手伸到我的口袋中扒竊，當我感覺到時那人的手還在口袋裡，我兩手一張表示裡面什麼也沒有，他心照不宣地對我笑笑後走開，事情就是這樣，碰到這種事求助他人沒用，一切靠自己小心謹慎。

　　有句話說「世界就像一本書，不旅行的人只讀其中一頁」，人能夠從旅行潛移默化中學到的東西遠超出想像，別再說自己不愛旅行，世界很大，世界也很小，走出去海闊天空，不虛此生！

80 歲也能旅行追夢！

　　最近網路上流傳一支影片，內容是一位年過 80 的台灣阿嬤，完成單身環遊世界壯舉，她說不甘願人生只能做個家庭主婦，於是排除眾議，堅持出門看看地球究竟是圓的還是扁的。

　　其實不止這位阿嬤，網路上類似的熟齡追夢文章近來很受歡迎，按讚和留言數都很高，反映出陸續進入退休期的嬰兒潮世代對自我實現，尤其旅遊看世界的嚮往，比以往殷切許多。

　　在我過去 10 幾年的郵輪旅行中，像台灣阿嬤這樣的外國阿嬤司空見慣，剛開始我很驚訝好奇，回國後常在講座中分享見聞，目的是鼓勵大家見賢思齊，反應卻通常很冷淡，普遍看法是：她們是老外！

　　但事實是，老外也是人，和我們有相同的七情六欲，和大同小異的人生夢想，夢想是否能實現取決於健康、金錢、家庭等條件因素，這些因素因人而異，但整體來說，外國人的條件不見得比我們更好。

　　個人認為真正差別在心態，西方講究獨立自主，東方以群體為重，不同價值觀養成的思想和行為自然不一樣，西方阿嬤不一定很有錢，或很健康，或沒有孫子孫女要帶，只是在她們心目中有更重要的事必須在人生結束前完成，於是想方設法克服障礙，勇敢圓夢。

　　這麼說不代表東西方價值觀孰好孰不好，只說明人生不是一條窄路通到底，而是有許多不同岔路可供選擇，人不需要為選擇找理由，但要為選擇負責任，台灣阿嬤不是老外，她只是為實現夢想而選擇了一條與眾不同的道路，並負起相應責任，如此而已！

NOTE

📷 停止玩樂才會變老

　　「人不是變老才停止玩樂，而是停止玩樂才變老」，退休後時間充裕，心態輕鬆，正是人生最好的旅行時節，這個階段的旅行不再只是吃喝玩樂，更在於深入認識一生安身立命的地球村，並藉由接觸陌生人事物增廣見聞，豐富生命。

你該知道的事 **6**

退休後的人際關係

親情、友情、社交
和自己的相處之道

- 退休後的親情往來　合則來、不合則去
- 退休後的交友金律　友直、友諒、友多聞
- 善用網路擴展生活圈　不與社會脫節
- 和自己交朋友　不怕寂寞找上門

退休後的親情往來 合則來、不合則去

親人跟朋友一樣有親疏之分，三觀合，可以長久交往；三觀不合，不妨各走各的路。

人上了年紀之後最重要的 3 件事是：老本、老伴、老友，其中老伴和老友都和與人相處有關，換句話說，人際關係之於退休生活的重要性占到三分之二，當然必須善加經營。

首先來談談和家人之間的關係。所謂血濃於水，亞洲社會通常將親戚關係看得比朋友關係更重，我倒認為，除了老伴和父母之外，對待其他親人應該和對待朋友一

樣，其中也包括成年子女在內。

這麼說有 2 種不同含義，一是把每位親人都當成親密朋友對待，或把每位朋友都當成親人看待；另一種則是，不管是親人還是朋友，一律合則來、不合則去，如果這是一道選擇題，我的選擇是後者。

可能有人會覺得太現實，或許吧！但在人際江湖打滾半輩子，經歷成家立業，撫養子女等種種拋不開、丟不掉的責任，人生下半場本就應該現實一點，多為自己而活一點。退休之後，除了對老伴和父母仍有照護義務，對其他包括手足在內的親人，都應該像對待朋友一樣平等視之。

朋友有親疏之分，親人也一樣，只是分法不是按照血緣深淺，而是三觀：價值觀、人生觀、世界觀的接近程度，道不同不相為謀，如果三觀差異太大，沒有必要只因為是親戚而勉強走在一起。現代社會早已不再是傳統大家庭， 不是互通有無、相互依賴的年代，照顧好自己才是每個成年人最大的責任。

同樣的道理也適用於親子關係。父母將小孩教養成

人，義務已盡，然後就應該像對待朋友一樣，這樣不止能避免小孩成為媽寶、爸寶，也能避免自己成為寶媽、寶爸。不要存有養兒防老的幻想，如上段所說，照顧好自己不僅是自己最大責任，也是對成年子女的最大關愛。

千萬不要和親人有金錢往來，那是破壞親情最快也最有效的方式，關係再好都一樣，如果相處融洽就多來往，如果差異太大，沒有必要勉強相處，保持一個表面關係，然後就各自歲月靜好吧！

再來談談和父母的關係。進入人生下半場，上一代人要不已經凋零，要不早已邁入老年。雖然之前說不要指望養兒防老，但為人子女的責任不可不盡，只不過盡責也要有個限度，那個限度就是不要將自己的人生賠掉。

我們所處的是一個快速老化，相關福利制度卻跟不上腳步的社會，許多老年人的晚年照養責任落到中年子女身上，這對在職場打拚幾十年，好不容易退休的人來說是難以承擔之重，除了個人盡力之外，也必須尋求外界援助，否則有可能不但照顧不好父母，自己的後半生也因此

被犧牲。

外界協助包括醫療院所、看護、安養機構等,這些都需要花錢,其中部分可由國家或保險承擔,其他則要靠自己,退休後的財務管理必須將這部分考量進去。雖然是用錢解決問題,我認為仍須有個限度,以免陷自身生活於危境,這和是否孝順無關。

與家人關係的重中之重是和老伴的關係,專家說夫妻退休後的感情只有 2 條路可走,原本感情不錯的會越來越好,原本感情不好的則會越來越壞。原因是退休後 2 人相處的空間變小,時間拉長,年輕時夫妻有教養子女的共同責任,進入空巢期,必須另外尋找共同的生活目標。

我的運氣好,和老婆的感情一直不錯。以前總以為夫妻感情好,退休後相互扶持依賴是理所當然,後來才發現並不必然如此。家家有本難唸的經,感情不好的原因各自不同,相同的是在狹小空間中成天大眼瞪小眼,不但自己沒有好日子過,也不願見到對方稱心如意,因而陷入惡性循環。

過去有人問我如果和另一半相處困難怎麼辦？我總是本著勸和不勸離的態度，建議他再多努力一些，如果再繼續追問，我只能兩手一攤說我不是婚姻專家，幫不上忙。這幾年我的想法變了，在過去的年代是忍一忍就好，現在壽命延長，人生下半場，長時間和不喜歡卻又最親密的人一起度日，太辛苦也沒必要。

現在我會說，如果經過努力仍無法改善關係，可以慎重考慮離婚、分居，或目前日本頗流行的卒婚（不離婚但各自生活）。其實我知道不少人有這些想法，做不到的原因大致有 3 個，一是財產分配，二是子女感受，三是面子問題。

個人看法是，首先排除面子問題，有句話說「不要在意他人眼光，因為根本沒人在看你」，生活是自己在過，冷暖好壞只有自己知道，離婚分居或許會成為他人口中的八卦談資，但和自己的生活品質比較起來，重要性完全不同。

有人不願分開是希望給子女一個完整家庭，殊不知

成天吵吵鬧鬧的環境對小孩成長壞處更大,而如果小孩已長大成人,更不構成考慮因素。倒是財產分配需要謹慎處理,不要逞一時之快讓生活陷入困境,現今法律保障男女雙方,可以諮詢專家意見。

至於感情好的夫妻,也不可把對方的善意視為理所當然,婚姻關係是人與人之間最親密,卻沒有血緣的關係,想要成功維繫直到白頭,需要雙方共同付出努力,否則再好的婚姻都可能在不同人生階段發生問題。

總結一下,退休之後對待親人其實和對待朋友的原則差不多,能長久交往最好,不行就各走各的路;孝順父母天經地義,但不要犧牲掉人生;和老伴相處需要特別用心,實在不行也別勉強,雖然沒有人想老來孤苦無依,但別忘了,所有人到頭來都是一個人!

夫妻相處之道

　　某次演講結束進入問答時間，有人提問夫妻相處之道，我回答：只要有相同價值觀和人生觀，不管多少困難挑戰都不是問題，但如三觀不合，即使榮華富貴，子孫滿堂，婚姻都可能出問題。

　　一對夫妻如果對金錢看法一致，就會分工合作，互相支援，遇到不順時也能相互體諒；反之，夫妻倆對金錢看法不同，很容易引發消費或理財上的衝突，甚至牽扯到子女教養、婆媳關係等課題，遇到財務困境更是雪上加霜。

　　一對夫妻如果對人生有相同看法，就會一起努力追求共同理想，過程中相互加油打氣，不計較抱怨；反之，人生目標不同，有福難以共享，有難更無法同當，尤其步入中年後，子女已成年，問題會越

發明顯。

　　人們常用夫妻是否有相同興趣，或共同朋友來判斷感情好壞，我覺得那些不是重點，例如2人都愛旅行不表示可以一起旅行，感情好也不表示可以成為對方朋友的好朋友，每個人都是獨立個體，保有自我才能成就共好。

　　三觀一致，即使興趣不同，也能相互欣賞學習；彼此信任，即使朋友圈不重疊又何妨？所謂「夫妻臉」，其實不是真的五官長得像，而是思想相近因而行為相近，行為相近因而氣質相近的結果。

　　除非相敬如「冰」，否則婚姻生活一定有摩擦爭執，基礎好的夫妻相互包容，基礎不好只能相互忍耐，忍耐多了容易爆發；長時間相處，基礎好的夫妻互相越看越順眼，基礎不好只能少看對方幾眼，時間一長就成大眼瞪小眼。

專家說擇偶最重要的條件不是金錢或長相，而是個性，價值觀和人生觀與一個人的個性息息相關，雖然不是天生但改變不容易，如果不合拍，年輕時還可以努力相互磨合，中年之後大概就只能自求多福了！

退休後的交友金律
友直、友諒、友多聞

什麼樣的朋友才叫好朋友？「友直、友諒、友多聞」即使經過千百年依然是交友金律。

人生上半場我們幾乎完全不需要煩惱如何交朋友，也很少考慮朋友的重要性。所謂朋友，念書時就是較要好的同學，工作時是較親近的同事，如此而已，走了一批舊的再換一批新的，有緣交往久一點，沒緣掰掰也不痛不癢，不須花力氣開發或維繫人際圈。

進入人生下半場情況大不同，工作幾十年，退休時免不了參加幾場歡送會，大夥離情依依，真的離開後卻和

老同事距離越來越遠，失落感油然而生。我退休前參加近10場送別會，每一場都感動到快掉眼淚，正式退休後多數老戰友卻像人間蒸發一樣沒了蹤影。

職場就是這樣，當你還在位時，工作占據最多時間精力，自然也是影響生活和情緒的最大因素。乍然離開，心情很難一下適應，但就從公司將你的電子郵件信箱註銷那刻起，你沒忘掉公司，公司已然忘了你。

人也一樣，如果認為老同事還會成為老朋友，那是誤會一場。上班時人人帶著面具，所有愛恨情仇隨著退休一筆勾銷。歡送會上，被人送的感覺像大明星，送人的眼中卻只見到昨日黃花，其實真的不用感覺失落，因為人人都一樣，職位越高越是這樣。

工作占據人生最長的時間，但絕不是全部時間，退休後維持朋友圈很重要，老同事能當朋友最好，但別抱太高期望，更多要靠自己跨出舒適圈結交新朋友，如果不想成為孤單老人，就要準備主動出擊。

現代社會與人接觸最簡單的方法就是吃喝玩樂，多

參加一些親友餐會、爬山、旅遊之類的活動，自然可以認識一些有類似背景的人。也可以利用參加如社區大學等學習課程，結識有相同愛好的朋友，其他管道還包括參與宗教活動、志工團體，當然還有同學會等。

這些都是退休後的交友管道，但管道只是管道，不代表一定能結交到合適的朋友。有些人自詡好友滿天下，打幾通電話就可湊成一桌宴席，這樣的人只能說人緣好，卻不見得真的有許多好朋友，經常在歌舞昇平、筵席散去之後，最寂寞孤獨的也是這些人。

那什麼樣的朋友才叫好朋友？古話說「友直、友諒、友多聞」，這道理即使經過千百年依然是交友金律。

真正的朋友不只是禮尚往來、行禮如儀，而是真心關心你的人，這樣的人會支持你的任何決定，並在必要時提出幫助。而當眼見你走錯方向，或明顯判斷有誤時，他也不怕你生氣，有話直說，不會像某些所謂的朋友站在一旁等著看好戲。

這正是「友直」的可貴之處，真正的友情不會在一

夜之間發生，而是需要時間積累，通常這樣的朋友需要有同甘共苦的經歷，由此培養出深厚的雙向信任，才能在發現對方可能犯下錯誤時，不用擔心傷害關係，義無反顧說出內心想說的話。

友諒是指結交誠實的人為友，朋友像面鏡子，唯有透過清澈的鏡面才能看見全部真實的自己，誠實代表的正是通透鏡面，和這樣的朋友交往，你不需要偽裝自己，也不需要刻意討好對方，一切順其自然，相處如沐春風，最大的好處則是可以認識自己。

誠實必須是相互的，一方誠實、一方虛偽的關係不可能維持長久，與誠實的人交往，一旦養成習性，會用相同方式對待所有人，人際圈因而容不下不能以誠相待的人，長久以往，形成良性循環，生活四周自然圍繞的都是明白坦誠，不做表面功夫的人。

和知識淵博、學有專精的人交往可以從對方身上學到有用的東西，但「友多聞」指的不只是老師與學生之間關係，而更接近教學相長式的平等朋友關係。也就是說，

學習不是單向，而是相互的，雙方都可學習到對方的長處，指出對方的短處，達到一加一大於二的效果。

雖然「老友」是進入人生下半場後的 3 大資產之一，我認為質比量重要，三兩知心好友抵得過幾十個泛泛之交，尤其只能在一起吃吃喝喝的酒肉朋友不交也罷，不但浪費寶貴時間，連身體健康都可能受到影響。

要結交正直、誠實、博學多聞的朋友，除了從舊識，如老同事、同學中篩選志同道合之人外，有共同興趣、嗜好的人通常較可能具備教學相長的特質，或起碼溝通時有較多共同話題。

個人離開職場 10 幾年中結交的新朋友大都屬於此類型。例如，我喜歡旅行，自然在旅途中認識不少同好，在一起聊起旅行眉飛色舞，不知疲倦，雖然不見得每一位都能結交為知心好友，但至少擁有共同嗜好可以為進一步交往打下基礎。

旅途中也容易結交「萍水相逢」式的朋友，人生道路上短暫交叉，沒有人情包袱和利益關係，本是不相干的

路人甲，因此得以卸下心防，無話不談。我在郵輪上結識的多為這樣的朋友，有些保持聯繫，有些沒有，重點在雙方坦誠以對的珍貴時刻。

我喜歡寫作，也因此認識一些文藝界人士，但坦白說能稱得上朋友的寥寥可數，這可能和我自身的偏執有關，因為雖然同樣是舞文弄墨的同好，我卻發現真正符合友直、友諒、友多聞的人其實不多。

國外曾做過調查，快樂的退休人士最大共通點不是有錢或有閒，而是有幾個真摯好友。人都需要友情滋潤，離開「江湖」後的人生下半場尤其如此，但不需要為交朋友而交朋友，首先讓自己成為一個值得結交的人，其他就順其自然吧！花若盛開蝴蝶自來，人若精彩天自安排！

朋友的定義

　　哲學家叔本華說「人活在世，要不選擇獨處，要不選擇平庸」，我沒那麼憤世嫉俗，但這幾年朋友越來越少是事實，這不是抱怨，某種程度可說是一種成熟的表現，因為不怕孤獨而減少對他人的依賴。

　　對朋友的定義也有所改變，變得越加不在乎年齡、地位、相識時間長短等外在因素，對象也不再只是熟識的人，而是有相似價值觀和人生觀的人。例如我一直相信人生經歷大於物質擁有，我可以和有不同看法的人吃飯聊天，但幾乎不可能成為朋友，這無關對錯好壞，相互尊重而已。

　　除了三觀一致，我認為朋友還必須有同理心，他可能不贊同你，但一定會站在你的立場理解，而且，除非看到你正在向下沉淪，

否則就會無條件支持你的所有作為，不會用自身想法試圖改變你，當然這樣的同理心必須是雙向的。

年歲漸長，簡化人際圈的同時，能有 1、2 個這樣的朋友，夫復何求？

善用網路擴展生活圈
不與社會脫節

退休族透過網路可以擴大社交圈，和不同族群互動、學習各種知識和技能，以免與社會脫節。

科技發達，社群網站已然成為現代人生活不可或缺的一部分，傳統溝通方式通常是見面或打電話，如果距離遙遠這 2 個媒介都變得困難，因此才有「遠親不如近鄰」的說法。

社群網站讓這一切變得不一樣，只要願意，現在人們可以在任何時間、任何地點，和任何人或任何一群人，面對面溝通對話，大大改變舊有的工作和生活型態。對退

休人士來說，變化最大的除了人際關係外，還有和社會群體之間的關係。

以臉書為例，這個原本為配對交友而發明的網站，現在的功能早已超越交友功能，不變的是人們仍然稱網頁內互動的對象為「朋友」，想想看，在過去沒有社群網站的年代，1個退休族能和10個朋友經常保持聯繫已屬不易，如今臉書朋友動輒數十、數百，甚至數千、數萬，人際關係當然大大不同。

這麼多「朋友」自然親疏有別，社群網站提供使用者有效的區分機制，對於最親密的那幾位，只是多一個通訊管道，改變不大，但對於另外一大群有共同興趣、朋友、學習目標、工作目標的人來說，與其說社群網站連結了個人和個人之間的關係，不如說是個人和群體之間的關係。

透過社群平台，現代人可以足不出戶參加各種學習課程，聆聽全世界各種不同主題演講，和世界各地有類似背景的人互動，不管在心理或實質上成為某個社群的一份子，這些在不久之前還是不能想像的事，已經造成人際關

係翻天覆地的大變化。

　　對退休族來說，社群媒體使用得當可以擴展生活圈，成為展現自己、認識他人的有效工具，但船可載舟也能覆舟，接觸的人多不必然代表心靈得到更多溫暖和支持，一不小心甚至可能陷入沒必要的爭執或比較，因為在網站中發言不夠謹慎，導致多年好友翻臉，相互封鎖等狀況經常可見。

　　按讚數也是牽動許多使用者心情的因素，原本只是一個無傷大雅的小設計，卻成為許多人評斷自己在他人心目中價值高低的標準，數字少固然令人氣餒，數字多帶來的驚喜也難以持久，多還要更多是人之常情，久而久之，每天盯著螢幕上的跳動數字，浪費時間也製造沒必要的壓力。

　　要得到他人認可更進一步的做法是成立粉絲專頁，成為所謂「網紅」。拜近年媒體生態大幅改變之賜，網紅的影響力越發強大，而且不再限於名人。如今不管男女老少，只要貼出來的東西能吸引眼球，人人都可成為網紅，但來得快的東西通常去得也快，想要長期保持熱度難度很高。

成立粉絲頁的目的各自不同，有些牟利牟名，有些傳達理念，有些結交同好，這些都無可厚非，但前陣子看到一個統計數字，說大學畢業生最嚮往的前 3 名職業中，網紅和小編占前 2 名，這就有點匪夷所思了。年輕人的人生閱歷不足，創作內容必定有限，畢業後直接投入這個行業，即使一時成功，仍難以維持長久。

　　我倒是很鼓勵退休族朝這個方向發展，傳統媒體已逐漸被自媒體取代，如今人人都可以成為作家、直播主、網路商店老闆、影音創作者，科技不再是一般人的障礙，而是助力。在人人都能操作的前提下，脫穎而出必須靠內容的獨特性，退休族大都生活經驗豐富，符合這項需求。

　　我是在離開職場一段時間後，出於興趣開始嘗試寫作，那時還沒有臉書這類的平台，寫作者大都經營部落格，不但可以磨練寫作技巧，還可以結交同好，大家互相觀摩分享，即使按讚數不高仍樂在其中，達到透過文字分享與社會保持連結的功效。

　　臉書將這項功能發揚光大，有了它，人人都是創作者，

也都是讀者，我就是從那時起將寫作視為人生職志，一寫10幾年樂此不疲，出版了幾本書。但出書還在其次，更重要的是為了寫作必須接觸學習新事物，創造新的生活體驗，否則類似題材一再重複，即使讀者不煩，作者也會膩。

過去10幾年因為出書，認識不少出版社編輯、作家、媒體工作者，經由與他們的互動，讓我對社會動態保持一定程度了解，而不致成為一個自外於社會的 LKK。

有些退休族想擴大交友圈卻不知如何下手，其實網路是一個很好的管道，不管興趣是什麼，只要願意主動參與就必定有學習成長和社會連結的機會，我的經驗是剛開始比較不能放開手腳，一旦嘗試會發現路越走越寬，許多生活中的好點子就是這麼產生的。

網路用得好是助力，不當使用也可能產生負面效果，無目的的沉溺其中玩物喪志，人的時間精力有限，不要被氾濫的資訊綁架，拋開雜音，細心挑選真正有興趣的主題，鑽研學習，與同好教學相長，生活將因此充滿樂趣和意義。

「傻子共振」的網路現象

在媒體上看見一篇文章深得我心，文中描述現代社會人手一機，網路世界鋪天蓋地，好處是過去的弱勢人群如今得以和任何人一樣接觸所有資訊，不致成為一隻眼光短淺的井中之蛙。

但現實卻是，透過各種演算法，網路不斷灌輸不同族群想看的資訊，杜絕不一樣的資訊，形成同溫層，層中之人同仇敵愾，一致對外，結果就是從一隻隻井中之蛙發展成一群群井中之蛙。

作者將此稱為「傻子共振」現象，這種現象說明了社會上政治越來越對立，詐騙越來越猖獗，世代價值越來越差異的原因。

過程中孕育而生的是網紅文化，現今社會只要溝通能力良好，敢說敢言，任何

人都可以成為意見領袖，這不是壞事，壞是壞在人都有盲點，一味跟隨某個網紅可以形成抱團取暖式的慰藉，卻失去反省檢討的機會。

　　我本身也算是個不大不小的網紅，過去經常捍衛自己的言論，近年已很少針對網友看法提出辯解，正因為理解自身不足，不想流於自以為是，也建議朋友們多接觸不同聲音，篩選思考後形成真正屬於自己的想法。

和自己交朋友
不怕寂寞找上門

人的一生中相處最久且不離不棄的朋友就是「自己」，
認識自己、和自己交朋友就不怕寂寞，而且能享受獨處。

進入人生下半場最重要，也很可能最被人忽視的人際關係，是和「自己」的關係！可能有人會說：我一輩子都在和自己相處怎可能忽視？事實是，人生上半場我們早已習慣活在他人的眼光之中，促使我們做什麼或不做什麼的動機大都來自外界，極少是發自內心的真實需求。

社會價值觀給所謂「成功」人生訂出各種和名利相關的規範，許多人一生汲汲營營在奉行這樣的規範中度

過，到頭來後悔遺憾已時不我與。這麼說不代表賺錢、成名、贏得外界掌聲是錯的，但只能算錦上添花，因為生命中有比這些更重要的追求。

之前網路上曾流傳過這樣一個故事，一位長期在安寧病房工作的資深護士，將無數絕症病人臨終所言整理出「人生5大憾事」，按順序分別是：

1. 沒有勇於追求夢想

2. 花太多時間工作

3. 沒有勇氣表達內心的情感

4. 沒有和老朋友保持連絡

5. 沒有讓自己更快樂些

或許有人會說「不是我不想追求，而是家庭或環境限制我去做這些事」，這句話似是而非，甚至可說不負責任，臨終病人感到遺憾的原因不是做不到——如果嘗試後仍做不到那也沒什麼好遺憾的，而是因為根本沒有努力嘗試而感到後悔莫名。

個人解讀這5件事其實可以簡化成一句話，那就是

沒有努力「做自己」。以第 1 個遺憾為例，絕大多數人終其一生都在追求理想，但有多少人仔細思考過所謂的「理想」究竟是別人加諸在自己身上，還是發自內心的真實渴望。

以愛畫畫的人為例，技藝高超的畫家可以賺許多錢，贏得掌聲和尊敬，但如果他作畫的出發點只是這些，很快就會失去對繪畫的興趣，因為不斷重複做同樣的事不但自己會膩，也容易被人遺忘。

跟自己交朋友最重要，或應該說唯一的方法，就是找到屬於自己的人生職志，並且在不斷學習成長中獲得樂趣和成就感。至於名和利，是可能的副產品，但不是主要追求目標，有很好，沒有也不會改變創造和學習的初衷。

有 2 個英文字：alone、lonely，聽起來意思差不多，其實含義大不同。alone 指的是「獨處」，喜歡獨處的人必定懂得如何跟自己交朋友，因為那會讓他有更多時間和動力專注在與職志相關的事物上。

至於獨處久了是否會感到 lonely「孤獨」，成為一個

孤單老人？絕對不會！因為喜歡獨處的人必定自信、自重，這樣的人容易吸引他人主動靠近，反倒是經常呼朋引伴看似受歡迎的人，一旦筵席結束失落感油然而生，必須經常與他人抱團取暖，長此以往會失去自我。

我離開職場後的第 1 年就曾經歷過這樣的心路歷程，當時因為時間多經常找一群人聚會吃喝，一段時間後卻感覺失落空虛。前文說過好朋友的 3 大特質是友直、友諒、友多聞，生活中有幾位這樣的朋友已屬不易，期待每個認識的人都符合這些條件不切實際。

有些人退休後才發現社交圈大幅縮小，產生恐慌心理，這時候該做的，除了走出戶外，開闊心胸之外，更重要的是趁機認識自己。要做到這點，最有用的方法之一是閱讀，一旦進入書的世界，等同結識古今中外有趣有料的各式人物，從這些人的思維行為中反求諸己。

認識自己就能找到職志，從事職志正是和自己交朋友，有些退休族害怕孤單寂寞，不知如何打發時間，以職志為生活重心的人，不但不怕孤單，甚至會刻意營造獨處

時間。想想看，一個愛畫畫的人，空閒時除了作畫，還要上課、看畫展、研讀各種繪畫知識，哪有時間感到孤獨？

人都喜歡和有自信的人在一起，喜歡獨處的人即使走到天涯海角也不用擔心沒朋友，相反地，因為怕孤單而看似交友廣闊的人容易產生依賴心理，尤其容易將家人子孫視為理所當然，處處干涉，和這樣的人交往通常壓力較大，令人不願靠近。

許多年長者自認是長輩於是對家人頤指氣使，甚至情緒勒索，這麼做只會把親人往外推，即使和子孫同住在一個屋簷下，也要盡量獨立自主，留空間給家人，也留空間給自己。兒孫自有兒孫福的道理人人懂，真的要做到需要相當程度的自律。

不管有多少親朋好友，不管和家人、親友感情多好，別忘了所有人到頭來都是一個人，生活總歸是自己在過，許多時候外界的改變，外人的去留，並非自身能夠掌握，唯一不離不棄的朋友只有自己，好好把這個朋友交好，孤單寂寞就不會找上門來。

NOTE

📷 老友在精不在多

　　人生下半場人際關係不再受制於職場倫理，也無須執著人情世故，與親人相處和則來，不和則去，朋友交往不限年齡背景，數量在精不在多。老伴價值越老越珍貴，尊重和愛慕是感情基礎。年紀越大越要懂得享受獨處，不依賴或控制他人。

退休後的心理調適

時間不會停！
平常心面對老、病、死

- 視茫茫、髮蒼蒼 身體日漸老化怎麼辦？
- 趁早儲蓄健康資本 將「死亡」納入規劃
- 面對人生大限 該做好哪些準備？

視茫茫、髮蒼蒼
身體日漸老化怎麼辦？

進入人生下半場，身體狀況逐漸走下坡難以避免，透過積極手段維持健康，才能活得好、活得久。

步入中年，正值工作、家庭、經濟的高峰時期，卻也是體能逐漸衰弱的開始。回頭一看，頗為至今的成就感到驕傲自豪，再往前一瞧，許多年輕時喜歡做、常做的事現在已無力或無心再做，心中不免產生惆悵失落、時不我與的感受，也就是所謂的中年危機。

這個時期的事業、家庭蠟燭兩頭燒，1 天當成 2 天用，時間轉瞬即逝，身體狀態卻在不知不覺間產生前所未

有的變化。白頭髮、老花眼只是最無傷大雅的小警訊，許多慢性病正是在這個時期埋下因子，即使眼前感受不到，漫長下半生的生活品質卻因此受到重大影響。

國際間有多家大企業曾做過聯合調查，發現屆齡退休（約 65 歲）員工退休後的平均餘命只有 2 年左右，這個調查結果令許多人大吃一驚。不久前還在職場上生龍活虎的人，卸下工作重擔應該是享受悠閒生活的大好時機，怎麼就這樣離開人世呢？

專家解釋原因其實不是退休後健康惡化，而是退休前就已經因為長期工作壓力種下病因，只是壓力造成的影響是雙面的，它能在短期內幫助人們扛下重責大任，但長久積累容易形成病灶，沒有立刻顯現是被暫時壓下。也就是說，壓力能令人功成名就，也能造成日後的健康問題。

屆齡退休的人通常是企業高階管理人員，平日承擔重大壓力，一旦從職場退下，原本累積在身體內的各種病因傾巢而出，形成的結果表面上看是英年早逝，其實只是身體對過去傷害的反彈。

4、50 歲正是人生分水嶺的年紀，在事業和健康的抉擇中，多數人會選擇前者，此乃人之常情。因為工作績效立即可見，健康影響卻是逐步發生的，不少事業成功者在人生下半場深受健康不佳所苦正是這個原因。

　　要克服這個問題首先必須培養危機感，在身體還沒有出現重大狀況前即預見它的到來。例如，從年輕起就開始抽菸的老菸槍，即使抽 2、30 年可能也不會生病，卻在未來某個時間點被檢查出無可逆轉的嚴重疾病，說意外是騙人的，只是一直不願面對而已。

　　所謂人不輕狂枉少年，幾乎所有人在年輕時都做過一些對健康不利的事，差別在於有危機感的人在危險出現前主動採取行動，缺乏危機感的人等危險發生才被動應對，影響許多人生活品質的慢性病，說穿了就是「生活習慣」病，好習慣和壞習慣的養成不過一念之間。

　　專家說影響健康因素不出 4 點：遺傳、飲食、運動、作息，其中除了遺傳不可改變，其他都和生活習慣息息相關。以飲食來說，年輕時胡吃海喝不會受到嚴重教訓，但

長此以往，未老先衰是必然結果，尤其現今飲食結構越加注重口味，連年輕人都因此罹患慢性病，何況身體機能逐漸衰弱的中老年人。

不良作息是現代人的另一大危險因子，人類的生活習性數百萬年來都是日出而作，日落而息，只有到了幾百年前，才因科技進步演變成為如今這樣日夜不分的狀態。老邁的身體結構不適應新的生活習性自然出毛病，而無處不在的 3C 產品令生活更加便利，卻也是打亂生活節奏的最大殺手。

即使明知飲食和生活習慣嚴重影響生活品質，現代社會發展至今已經回不去了，只能靠個人的自知自覺降低風險。做法其實很簡單，不過就是我們從小被教導的早睡早起、多吃青菜水果等，道理人人懂，但身處現代社會能堅持執行的人卻越來越少。

醫療科技發達的確解決了不少以前無法應付的疾病問題，但治療是一回事，預防是另一回事。以不良飲食造成的肥胖來說，現今肥胖者可以選擇各種不同醫療方式，但

多數在吃了許多苦頭後仍無法根治，其實最好的治療方法就是不讓問題發生，這點醫療做不到，只能靠個人自律。

飲食和作息要避免養成壞習慣，屬於被動努力，唯一能夠主動出擊增進健康的方法是運動。我每每在講座中說到運動的重要，總有人回應說自己從小不愛運動、不會運動、沒有運動習慣……邁入中年才要開始學習運動，難度太高。

人們常有這樣的迷思，認為運動是專屬於年輕人或運動健將的行為，其實只要是生物都需要運動。對於自認為不善於運動的人，我的建議是，運動不是競賽，即使天生不足，後天失調，一樣可以運動。

不要把運動想得太難太遠，只要有兩條腿，站起身有本事快跑就快跑，不能快跑就慢跑，還不行就快走，連快走都不行就慢走。健康不是天生的，而是靠一點一滴累積出來的，不用和其他人比較能力，只要自己有進步就好，養成習慣後所有的好處也都是自己的，別人無法分享。

養成運動習慣永不嫌晚，但要立即開始，不要訂定

太高遠目標，就從多走路開始，只要逐漸越走越長，越走越輕鬆，自然激起持續活動的動力。如果覺得一個人運動太無聊，也可以參加一些如跳舞、太極、有氧操等團體，有趣、好玩，還可以交朋友。

隨著年紀增長體能必然下降，醫療可以延長壽命，但比活得久更重要的是活得好，健康是活得好的先決條件，也是追求一切人生夢想的基礎。人生下半場生活質量是好是壞，決定於是否能靠個人努力做到節制飲食、規律作息、積極運動，與退休族共勉之！

不可避免的老化問題

　　一向自詡身體健康的我，曾幾何時開始常跑醫院，以前健保卡 1 年用不到幾次，現在 1 個月要用好幾次，倒也沒什麼大毛病，但修修補補少不了，加上定期檢查，結果就成了醫院常客。

　　這已經夠令人洩氣，更糟的是每每碰到問題，得到的答案總是：老化！這時我就覺得醫生真好當，只要說 2 個字再開點藥就好。當然實際狀況並非如此，只是人面對現實很難下嚥而已。

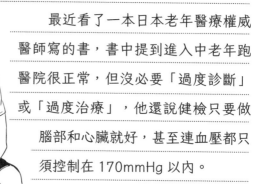

　　最近看了一本日本老年醫療權威醫師寫的書，書中提到進入中老年跑醫院很正常，但沒必要「過度診斷」或「過度治療」，他還說健檢只要做腦部和心臟就好，甚至連血壓都只須控制在 170mmHg 以內。

　　這些都和平時接收到的醫療

訊息相當不同，我不是醫師無從判斷正確與否，但我同意他說無須過度診斷及治療的說法，人有了年紀身體就像中古車，重點不是性能，是堪用，只要保養得宜，老爺車即使跑不快，也還能開很久。

　　面對老化心情難免受影響，老婆說我無病呻吟，不過就是更年期來得比一般人晚一點，談不上變成熟，只是不再幼稚而已。或許吧！生老病死是人生必經過程，再難下嚥也得嚥，晚嚥不如早嚥，那就嚥吧！

趁早儲蓄健康資本
將「死亡」納入規劃

　　每個人都要面對健康和死亡的課題，能夠直視死亡並將之納入人生計畫中，才能好好規劃活著的時間。

　　生老病死是人生必經的過程，這個道理人人都知道，卻不是人人都能直視。通常年過 50 邁入初老階段，各種健康問題漸漸浮現，青春小鳥一去不復返，原以為媒體報導的健康訊息和自己無關，現在每一篇似乎都衝著自己而來，即使幸運沒有大毛病，老花眼、白頭髮等小變化都在提醒自己：我老了！

　　如果人的壽命是 80 歲，那麼年過 40 開始走下坡，

按照醫學研究，大部分身體機能在 20 幾歲達到巔峰後開始退化，雖然不會立即生病，但就像存錢一樣，越早開始保養身體，老時就有越多資本可以利用，反之，如果年輕時沒有有意識的照顧身體，老本很快消耗殆盡。

如何照顧？老生常談，不外乎飲食、運動、生活作息，尤其人生下半場的生活品質和這些息息相關。有人 60 歲還能上山下海，有人卻已行動不便；有人 80 歲還能活蹦亂跳，有人早已臥床多年，這兩種人的差別正在於是否盡早開始「儲蓄」健康。

好消息是，台灣的健康保險制度健全，就醫方便；壞消息則是醫療著重治病而不是預防。中老年人的身體就像一台中古車，保養得宜，即使跑不快，還可以跑很多年，缺少平時的養精蓄銳，開上路隨時可能在半路拋錨，不能開上路的車，說難聽點，只是等著報廢而已。

最適合開始保養身體的時機永遠是：現在！常聽人說過完年要開始認真減肥、下個月要報名參加健身俱樂部等等，都是一些推託之詞。身體像機器一樣，你對它好，

它就對你好，反之亦然，它不會等你忙完才開始產生變化，有心要改善健康的人，千萬不要等。

我們最常聽到不保養身體的理由是：沒時間！現代人的生活和工作確實忙碌，但話說回來，所有人1天都是24小時，同樣是上班族，有人可以做到規律運動健身，有人卻說太忙做不到，其中關鍵通常不在於時間，也不在於會不會運動、愛不愛運動，而在於是否把健康看得夠重要。

只要了解健康的重要性，真心想保養身體，那就一定可以抽出時間，反之，就會有許多更重要的事擋在前面，阻礙你開始行動。現代人經常忙到時間不夠用，那就更應該把寶貴的時間用在真正重要的事情上，有句話說「沒時間運動，就一定有時間生病」，這是不變的事實。

邁入人生下半場，避免不了生病、看病，發病時間和嚴重程度與年輕時是否有良好生活習慣關係密切。例如，抽菸的人想戒菸，但眼前做不到，於是訂下一個時間點，打算從那天起不再抽菸，這是標準的自欺欺人，如果

現在不能戒，為何未來能戒？現在可以戒，為何要等到未來才戒？

還有一種說法，人總有一天要往生，何不在活著的時候隨心所欲？我同意這個說法，但正因如此才必須養成良好的生活習慣，不管你的心願夢想是什麼，要完成都需要健康當後盾，隨時隨地可以做自己想做、喜歡做的事，才是真正的隨心所欲，而不是只為圖個爽快而隨意消耗身體。

運動養身的目的不是為活得久，是為活得好，生命到頭來還是得面對死亡這個大限，這件事越早參悟越好，尤其我們東方人把死亡當成忌諱，不願直接面對，結果就是不能好好規劃活著的時間，不但因此不能活得盡興，也不能走得灑脫，還可能造成家庭、社會的負擔。

我曾經看過一篇報導說西方人從 30 多歲就開始規劃退休生活，而我們 30 多歲時才剛成家立業。人們常說當了父母後才開始學習如何當父母，同理，多數人對人生下半場的規劃，也是從退休之後才開始。

我認識幾位很懂得規劃人生的人，他們在還沒退休

前就已想清楚人生下半場要如何度過，其中最重要的步驟就是將死亡納入計畫之中，由此反推算出人生還有多少有品質的時間，如何在這些時間中做出取捨，目的是完成最多心願，避免帶著遺憾糊里糊塗過完一生。

人們忌諱死亡的主要原因是害怕，個人倒覺得比死亡更可怕的是疾病，死亡只是一瞬間的事，疾病卻可能演變成無窮無盡的苦痛。台灣人的平均壽命雖然已超過 80 歲，但不健康餘命的時間也長達 8 年多，不但代表人們將度過一段很長的悲慘歲月，還可能將家人一起拖下水。

這正是之前說健保制度重治療卻不重預防的後果，講嚴重點，發生疾病以致生活不能自理，卻又死不掉的人，遲早會將許多家庭乃至整個社會拖垮，尤其在快速老年化的社會，這樣的時間表早已清楚呈現。但無論多少專家學者提出警告，在避談死亡的大環境中仍看不到解決問題的曙光。

全球公認這方面做得最好的是北歐國家，他們的平均壽命和我們差不多，不健康餘命卻比我們短得多，其中

關鍵明顯是直視死亡的生活態度，並由此發展出的醫療制度，這樣的制度是建立在改善人活著的生活品質，而不只是延長壽命年限的基礎上。

北歐國家也是最早將安樂死合法化的國家，老人過的是活到老、學到老、工作到老的生活，許多年長者時間一到不吃不喝自然死亡。我們的社會短時間內不大可能接受這種做法，但個人可以將此納入規劃，說到底，人的壽命不該只是一個冷冰冰的數字，而是活生生的生老病死，自我實現的過程。

面對人生大限
該做好哪些準備？

面對人生大限，心理上的準備越早開始越好，把身後事提早安排妥當，才不會造成後人的困擾。

　　有人說如果用一個數字代表人的快樂程度，那麼第1位數必定是健康，少了它，後面不管接多少個零都是白搭。但另一方面，在退休生活3大面向：金錢、健康、職志之中，健康是唯一不可無限展延的項目，做好「生死」準備因此成了退休規劃中的重點之一。

　　步入老年，人不可能不生病，治病要花錢，因此有必要存下一筆醫療「老本」。但與此相對的，是之前提過

的「破產上天堂」觀念，也就是在臨終前盡量將財產花在想做的事上。這2個觀念基本上互相衝突，如何抉擇考驗人的智慧。

像我這樣沒有小孩的無籽葡萄，必須比有小孩的人更早開始規劃晚年生活。台灣現在少子化嚴重，催生出許多相應的措施，例如以房養老、財產信託等。雖然還不夠完善，總比過去有更多選擇，加上未來需求勢必更擴大，可以期待在長照和安寧照護上有更多元的做法。

即使有小孩，個人建議也要假設沒小孩。如今的社會房價、物價高漲，經濟發展相對緩慢，年輕人的生存條件比我們這代人嚴峻許多，平均一個年輕人要照顧的老年人數越來越多，期待養兒防老不切實際，不是年輕人不願意，而是沒能力。

隨著平均壽命越來越長，社會上已然見到越來越多因為照顧老年父母而被拖垮的中年子女，形成家庭負擔越重，個人生產力越低的惡性循環。要避免兩代人的生活都因此同時被拖下水，照顧好自己，不相互依賴就成為全家

人共同努力的方向。

這方面足以作為台灣參考的是日本，日本社會的老年化現象大約比台灣早發生一個世代，經濟發展曲線也有相似之處，原本富裕的日本經歷 30 年停滯，已然進入了人人自顧不暇的狀態，啃老族不止發生在年輕人身上，隨著時間延伸，也發展成中年子女啃老年父母。

在台灣，經歷經濟奇蹟的中老年人無可避免將面對類似狀況，個人無法改變大環境，只能在觀念和行為上做相應對策。首先就是要拋棄養兒防老的觀念，自己的晚年自己救，不牽拖下一代也不被下一代牽拖，雖然和傳統強調父慈子孝有相違背之處，卻也是現實環境下的不得不為。

我的年紀還不到晚年，無法分享老年生活的實際經驗，但已經開始在做這方面規劃，選項包括養生村和以房養老等，這些都需要花錢，因此在財務規劃上必須預做準備。其中以房養老是最符合破產上天堂思維的做法，只是目前的制度談不上完備，期望未來能有所改善。

財產信託是另一個可行做法，將資產交給可靠的信

託機構，按照個人意願將財產花在想花的地方，好處是晚年生活不再需要煩惱錢如何使用，而且只要處理得當，也不須過於擔心「人在世間，錢已花光」。

　　至於如何面對死亡這件事，我自然更無法分享實際經驗，但從身邊親友過世時的情況來看，個人偏向最簡單也最環保的處理方式，例如樹葬或海葬等。可能會打擾他人的葬禮儀式，能省則省，我相信生命的意義在於活著時的作為，百年後就讓靈魂安息吧！

　　西方有句諺語：「決定葬禮有多少人到場的最主要因素，不是身分地位，不是人際關係，而是當天天氣」，我認為葬禮或其他相關儀式是活著的人做給其他活著的人看的，和死者關係不大，對某些人來說，甚至是交際公關的場合，如果真的關懷死者，應該在人還活著時表達，而不是在往生之後。

　　至於宗教儀式，當然是依死者生前選擇為準，但像我這種沒有宗教傾向的人，同樣是能省則省，不須麻煩各路神明。以上這些處理方式我和老婆早已討論過，無論哪

個人先走，留下來的那個一定會按照這些方式處理。

決定身後事除了葬禮之外，最重要的是遺產分配，如果不妥善安排，很容易造成親人間的衝突矛盾。偏偏東方人由於避諱談論死亡，對這方面的處理經常疏忽漠視，因而造成後人不必要的困擾。

我和老婆因為經常出外旅行，早已將遺囑寫好，並經常隨狀況修改。其實我倆不是什麼有錢人，往生之後應不致於讓家人為財產分配起爭執，這麼做主要是為生命負責，不要因為自己的不作為造成他人困擾，建議所有人不管有錢沒錢，都要把自己的身後事交代清楚，不要交給後人決定。

面對人生大限，心理上的準備越早開始越好，古人說「未知生，焉知死」，意思是連活著的道理都不懂，哪能明白死的含義？個人倒認為這句話反過來講更有道理，也就是「未知死，焉知生」，如果不能直視人的生命大限，不理解死亡之於生命的含義，如何經營一個有意義的人生？

越早意識到這點，越能善用活著的時間。我曾經聽一位很有智慧的長者說過一句話：「把每一天都當成人生最後一天來過」，真能如此，死亡將不再令人害怕，活著的每一天都是老天賦予的恩典祝福，但這句話說起來簡單，做到很難，值得每一位退休族深思！

3 種養老型態

年過 6 旬，回到家鄉台北時頗有少小離家老大回的慨嘆，和多位親友會面，不約而同談到養老這個話題。從談話中，大夥考量到台灣社會快速老化，經濟成長減緩，長照制度跟不上需求等因素，將這代人的養老方式大致分為幾種可能類型。

1.「養兒防老」型

自己沒有特別想法，大都交給下一代安排處理，養老地點自然以子孫所在地為準，自己也不是完全不負責任，而是以交付遺產或祖產為代價。處理得當，是傳統父慈子孝典型；處理不好，可能面對金錢、親情不當捆綁造成的各種問題。

2.「落葉歸根」型

無論年輕時如何漂泊，或長期停留某地，老年終將回到幼時的家鄉養老，其中心理因素包括念舊、歸屬感，經濟因素包括繼承祖產、較低養老成本等，可

能碰到的問題則是分隔多年，經歷不同生活習慣和價值觀的洗禮，不易重新融入。

3.「最適生活」型

養老既不從人也不從地，只追尋最適合自己的生活方式，不求子孫奉養，也不留遺產給子孫（但不代表和子孫感情不好）。選擇養老地點同樣以生活品質為出發點，奉行「人生到頭來終將是一個人」的哲學，並依此安排老後生活。

以上幾種養老方式各有優缺點，加上個人經濟、家庭狀況、價值觀不同，選擇空間和方式自然不一樣，提出來供大家參考。

📷 活得好比活得久重要

　　步入中年我開始缺乏運動，身形朝橫向發展，體檢報告紅字一堆，於是退休後把運動當成每日必做功課，有氧、重訓、伸展等齊頭並進，健康狀況大幅改善，生活品質大幅提升，年歲漸長，為延緩老化，運動更不可少，不為活得久，只為活得好。

楔子

退休的準備工作

現在就出發
踏上退休的道路！

- 想提早退休 要做哪些財務準備？
- 快樂退休 3 要素：金錢、健康、職志
- 為人生未雨綢繆 給年輕人的 6 個建議

想提早退休
要做哪些財務準備？

資產不高所以退休無望？國外已有 FIRE 族證明金錢不是提早退休的阻礙，有 3 條路可以達成目標。

相信許多人都有提早退休的夢想，最大的阻礙就是：錢！

做什麼事都需要錢，退休當然不例外，但也不要把錢想得太高、太遠，國外有不少 FIRE（Financial Independence，Retire Early，即財務獨立，提早退休）族是在資產不高的情形下，過上「金錢有限，時間大把」的悠閒生活，要做到這樣，有以下 3 條路。

第1條路：增加收入！

這是最顯而易見的一條路，但在現今經濟發展趨緩的社會並不容易做到。對上班族而言，高科技業可能是唯一出路，我知道有些科技新貴在賺到第1桶金後急流勇退，這樣的人值得羨慕欽佩的地方不只是能夠憑實力拿高薪和獎金，更難能可貴的是在職涯高峰時放棄賺更多錢的機會。

除此之外，加入國際企業到海外淘金是另一選項。無論選哪一個都必須盡早立定志向，機會不會從天上掉下來，需要靠自己努力爭取。現今職場不只看學歷，單有漂亮文憑無法殺出血路，一定要在眾人都具備的條件外有更多企業看重的東西，才能拿到高薪。

許多人認為投資是增加收入的最有效手段，我同意！但比投資金融商品更重要的是投資自己。當前就業市場越趨 M 型化，窮者越窮，富者越富，要成為後者就必須擁有一般人所不具備的技能，包括專業知識、第二語言、領導能力等，這些學校教育能教的有限，進入職場邊做邊

學，爭取機會是最佳途徑。

當然在流行斜槓就業的環境中從事各種兼職工作，也是為自己加薪的方法之一，但除非能累積專業知識，否則助益不大。僅靠付出勞力和時間賺錢成長機會有限，難以維持長久，不如把資源專注在能幫助職涯更上一層樓的地方。

自行創業也是許多人樂意嘗試的管道，個人較沒有這方面經驗，只是從統計數字中可看出成功案例並不多，通常能夠堅持幾年就已經算不錯，有興趣的朋友需要三思。

近年調查大學畢業生求職意願，網紅、小編意外成為最熱門選項，反映出現今年輕人希望擺脫傳統朝九晚五，從事較有趣和較有主動性的工作，如果做得好不僅能創造利潤，也帶來名聲，相當符合新世代不止追求金錢，也希望藉工作獲得成就感和外界認可的需求。

個人經驗是成為網路工作者的門檻很低，但要做到出人頭地的難度卻極高。即使能夠風光一時，千變萬化的網路世界很快就會將注意力轉往他處，以此為業看似光鮮

自由，其實不但工時很長，而且流動率很高。

第2條路：減少支出！

財務自由的定義很簡單：被動收入大於或等於日常支出。除了增加收入外，減少支出大有幫助，而且相較於增加收入變數很多，減少支出較可受個人控制，可行性較高，國外有許多案例就是靠節儉度日成功達成 FIRE。

減少支出雖然較容易受個人管控，但在心態上必須有所準備。我們從小到大過得都是「由儉入奢易」的生活，以交通工具為例，小時搭公車上學，大一點可能騎腳踏車，進入大學用打工賺的錢買台二手機車代步，出社會換台新機車，過幾年買汽車，隨著收入增加每隔幾年換新車等。

想要藉由 FIRE 提早進入人生下半場，必須反其道而行，但「由奢入儉難」，這就是需要心理準備的原因，因為不容易做到，當四周同儕都在換新手機、添購新裝、換新車時，不為社會潮流所動需要很強的自律。

關鍵是心態必須從習慣的物質積累轉換成「斷捨

離」，也就是要斷絕精美物質的誘惑，捨棄積累的習性，離開繁雜無謂的事物，簡化生活和人際關係，使用可耐久的環保物品等。省錢只是其中好處之一，更重要的是可以空出時間和心態從事真正值得的事務。

第3條路：投資理財！

除非是富二代或中樂透，普通上班族想要財務自由就必須投資理財。但理財方法很多，把錢放在銀行生利息是理財，賭博式的孤注一擲買高風險金融產品也是理財，如何在回報和風險中求取平衡是進入人生下半場前人人必做的功課。

很可惜這門功課學校不教，多數人包括我自己在內，都是在金融市場碰得頭破血流才學到教訓。原來投資理財招式雖多，原理就是那幾項，掌握住大原則才能常保立於不敗之地。

理財原理的第 1 條就是：獲利不是天上掉下來或賭運氣贏來的，而是時間因素形成的紅利。也就是說，今天

的 1 塊錢到了明天就不再是 1 塊錢，銀行願意付利息的原因就在於此，價值改變原因則是透過企業生產和提供服務擴大資產價值和金錢供給。

換句話說，投資理財的含義是經由直接或間接投資企業分得經營利潤的紅利。但是個別企業績效差別很大，有些賺錢，有些賠錢，盲目下注無異於賭博，最穩當的做法就是投資整體市場，將風險分散，期待已經起伏向上數個世紀的整體經濟規模還會持續向上。

我個人的做法是投資 ETF（指數股票型基金），不管是國內的或美國、全球的 ETF 都是選項。我不是投資達人，和他人相比，投資理財績效不算特別好，但這樣的投資策略讓我退休後即使經歷數次金融風暴，仍得以穩當獲利，過上無需為金錢過於煩惱的生活。

以上 3 條路是達到財務自由門檻不二法門，如果可能，最好三管齊下，效應相乘。此外，這 3 條路有一共通點，那就是都需要很高的自律性，而為達到自由自在，無須擔憂金錢的人生下半場，付出這樣的自律絕對值得！

30 萬元變 500 元的慘痛教訓！

　　我沒有偏財運，從小到老從沒中過獎，投資理財績效只能算普通，而且普通還是指 40 歲以後，40 歲以前更精確的說法是「慘不忍睹」，其中包括參加股友社（股票老師代操作）、買賣基金、買賣房產，和最具戲劇性的投資鴻源集團。

　　我投資過股票，那是台股第 1 次上萬點、全民皆股的年代，我經人介紹參加股友社，把資金交給老師代為操作（就是電視上「老蘇有在說，你甘有在聽」的那種老師），如果獲利就付點手續費。我投入 5 萬元，不到幾個月，帳面變成快 8 萬元，自然加碼。

　　再過幾個月，台股指數轉頭向下跌，而且速度奇快，有一天我忽然收不到對帳單，原來是老師跑路了，包括我在內的許

多人血本無歸，在那個金融秩序不完善的年代，除了怪自己貪心，也只能摸摸鼻子認了，繼續努力工作。

2 年後我又投資了鴻源集團。有點年紀的人應該還記得鴻源，這是台灣金融史上最大詐欺事件，詐騙手法是用每股 15 萬元吸金，每月有利息 6,000 元可賺，我當時在好友及家人的推薦下投資了 2 股共 30 萬元，在歌舞昇平幾個月後，這個集團倒閉了，包括我在內的許多人遭受損失，有些人甚至賠上畢生積蓄。

這件事有個尾巴，鴻源倒閉後我拿到 1 張債權證明，大意是說集團清算後會還錢，後來時間一長我就忘了，20 多年後才收到一紙法院通知說欠款下來了，叫我去領，連本帶利可領回 500 多，不是「萬」，是「元」。我把那張通知貼在牆上，提醒自己以後投資要小心，錢沒去領！

如今回想 40 歲前的投資失敗帶給我的好處其實大於壞處，首先是年輕的我還賠得起，更重要的是從中學到 2 個教訓：

教訓 1：投資理財不是選項

除非你是富二代或中樂透，否則一定要理財，錢放在銀行雖然沒風險，卻注定要變薄，想要財務自由，請務必拿出勇氣理財。

教訓 2：投資理財不是賭博

凡是追求短期高報酬的投資都是賭運氣，但不賭博不代表零風險，而是經由長期投資抵消短期風險，分散投資抵消單一風險，獲取相對有保障的收益。

這 2 個教訓改變了我 40 歲後的理財策略。

快樂退休 3 要素
金錢、健康、職志

想要退休生活好過，除了財務準備外，還要趁早開始存健康本，並且找到能自我實現的職志。

除了金錢是退休必要條件，另外還有 2 件事在邁入人生下半場前需要做準備，分別是健康、職志！

健康是一切的基礎，擁有健康的人很難真正了解它的重要性，只有失去的時候才能真切體會。人生上半場多數人健康狀況不差，年輕就是本錢，但再厚的本錢也經不起過度損耗，現代社會誘發不健康的因素比過去多得多，3C 產品、垃圾食物、日夜不分等讓許多人未老先衰。

統計數字顯示，過去只會發生在中老年人身上的疾病如今快速年輕化，三高、眼睛疾病、精神疾病，甚至癌症等都是如此。更可怕的是近年毒品有越來越氾濫的趨勢，好好的人一旦染上壞習慣幾乎就不用再談什麼人生理想了。

自暴自棄沒話講，最可惜的是年輕時努力打拚，期望為未來打下堅實基礎的人，在過程中因疏忽健康而搞壞身體，日後即使花加倍金錢也不見得挽救得回來。之前提過，從事高科技業是通往財務自由的高速公路，卻也是一條充滿健康地雷的道路，從業者不可不慎。

健康和金錢不一樣的地方是，健康效應是逐漸發生的。經常熬夜可能經過多年都不會生病，卻在未來的某一天倒下不起。堅持規律生活的人外表和其他人沒兩樣，進入中老年卻比其他人更有活力。希望經營好下半場人生的人必須盡早開始積累健康資本，才能在日後產生複利效果。

健康和金錢另一個不同點是，錢花掉可以再賺，健

康一旦失去很可能就再也回不來，投資理財得當越老可能越有錢，健康卻不行，身體機能隨著年紀增長只會向下發展，不可能反其道而行，一旦慢性病纏身，生活品質必然大打折扣，人能做的只有盡量延緩，卻無法翻轉衰老過程。

基於這些特性，嚮往高品質下半場人生的人，不管財務狀況如何，必須把健康當成第一優先要務執行。也就是說，不管積蓄多少、理財績效高低，不管離財務自由目標遠近，對健康的維持照顧都不應該有任何差別。

前文中講到健康因素不出遺傳、飲食、運動、生活作息這 4 大面向，該做的事、不該做的事多數人都知道，能不能做到看個人。當前社會健康風氣並不好，不要因為四周人都喝手搖飲料就跟著喝，四周人不運動就跟著不運動，健康是自己的，人生是自己的，盲目跟隨潮流得不到幸福人生。

健康和金錢之於退休生活的重要性不言可喻，它們就像人的兩條腿，少了任何一條人都會垮掉，但說到底，

人活在世的目的不是為追求健康和金錢，而是自我實現！健康和金錢是達成目的的必要條件，自我實現的方法則是從事職志，退休族首先必須找到它，然後從實踐過程中不斷學習成長。

職志就是會做、喜歡做，做了感覺有意義的事，很遺憾許多人從小到老都不知道自己的職志是什麼，因為我們的教育從不教導我們認識自己，所謂「適性揚才」只是一句教改口號，在長年換湯不換藥的升學制度下，人們追求的一向都是受職業而非職志引導的生涯選擇。

其實職業和職志並不必然不一樣，職業和職志重疊的人是天下最幸福的人，想想看，每天做自己喜歡、專長，又有意義的事，竟然還有人付薪水，當然很幸福。雖然我常鼓勵大家盡早離開職場，但對於職業就是職志的人，我的建議是即使到 100 歲也別退休！

但有這樣幸運的人畢竟是少數中的少數，多數上班族對工作的看法還是偏負面，雖然也有些自認閒不下來的人離開職場後感覺無聊，寧願繼續朝九晚五，各人志趣不

同，追求不一樣的生活方式無可厚非，但不管做什麼，重點是要做最適合自己的事。

　　尋找職志可以從個人興趣嗜好下手，那些是最容易令人廢寢忘食的事，其實說穿了，職志就是個人興趣中最突出的那一項，做它不見得能賺錢，也不見得能做得很好，但一定是做起來不感厭倦，且能從中不斷學習成長的事。

　　我的職志是寫作，這與我過去的職業幾乎沒有任何關係，我是花了一番功夫才找到它，其實我對寫作的喜好一直都在，需要花功夫尋找是因為受教育和職業的影響，在功利社會打滾久了忘掉自我，一旦學會重新認識自己，一切無需費力，水到自然渠成。

　　如果從現實角度看，寫作帶給我的好處有限，我出版過幾本書，拿到的版稅相較於投入的時間精力完全不成比例，因出書帶來的一點小名氣也是轉眼即逝，而且受才能所限幾乎不可能獲得任何寫作獎項，但只要還能寫就會一直寫下去，不為別的，只因為它是我會做、喜歡做，做了覺得有意義的事！

為人生未雨綢繆
給年輕人的 6 個建議

現在的年輕世代背負了沉重的責任和壓力，本文提供 6 項學習和職場的建議給還在學或處於職涯前期的年輕人。

之前所言大都針對已經或即將邁入人生下半場，有一定年紀的讀者，這個章節專門寫給年輕人。

如果年輕的你正在看這本書，我佩服你，能夠為人生未雨綢繆，提前規劃。書中再三強調的快樂人生 3 要素：金錢、健康、職志，每一項都具備長期積累特性，越早開始計畫和行動，越可能早一步達到預期目標。

這也是我過去 10 幾年從讀者反饋中得出的結論，越

年輕的讀者越可能達到工作成就、財務自由，甚至提早退休等目標。從我與多位年輕讀者的長期交流中，了解他們即使眼前有許多挑戰和障礙，但總能保持積極專注態度，化繁為簡，在不同人生階段完成階段性任務。

現代年輕人所處的就業環境和我年輕時不一樣，我們這批幸運的嬰兒潮世代經歷了台灣經濟奇蹟年代，只要願意努力，不管白領或藍領、創業或打工，大都能打下穩定的經濟基礎。如今時代變了，要在詭譎多變的科技社會生存發展，只是努力還不夠，需要具備更多與眾不同的技能。

隨著社會變遷，年輕一代的人生態度和價值觀和過去也有大幅改變，早一代人難得聽聞成年人不婚不生，現在不婚不生已快成為社會主流，少子化和老年化使得年輕世代身負的責任越加沉重。基於這些，我對於還在學或處於職涯前期的年輕人，有以下幾個建議：

建議1：念有興趣的科系 和英文交朋友

學校所學基本決定了日後從事的行業，如果不是志

趣所在，大把時光在沉悶無聊中度過，混得差的掙扎於溫飽，混得好的多點名利，仍難以實現自我。做喜歡的事不能保證成功，但能保證較好的學習成長和較大的挫折容忍，還能在離開職場後過較高品質的退休生活。

現代人離開校園後通常最常用到的學科就是英文，雖然不懂英文一樣可以過日子，但善加利用可以大幅提升工作和生活品質。學英文不一定要考高分，但是要和英文做朋友，語言不是在學校學的，而是在生活中長期接觸使用的結果。

建議2：忠於工作 但不要忠於公司

拿人錢財，為人消災是基本職業道德，對眼前工作不滿意就滿腹牢騷、不盡心力，不但自己不開心，別人也一定看得出來，很難有好下場。無論想改善工作狀況、換職位，或跳槽到其他公司，努力做好手上的工作都是先決條件，所謂騎驢找馬，前提是先把胯下那匹驢騎好。

有些人對公司（或老闆）有一種莫名的情感依託，

在面臨去留時會產生罪惡感。這點完全沒必要，企業就是企業，政策隨盈利狀況改變而改變，再好的公司待久了，還是會讓人成為一隻井底蛙，無論是否滿意現在的工作，都要偶爾伸頭往外看看，比較過後做出的去留判斷，才能既符合個人，也符合企業的長遠需求。

建議3：遠離香菸 1週至少運動3次

年輕時很難真正了解健康的重要，有壞習慣也不會立即得到懲罰，但不是不報，而是時候未到，累積的影響中年後會一一顯現。我從 17 歲開始抽了近 30 年香菸，差點完全毀掉下半場人生，幸好後來辛苦戒掉，是人生中自認為最值得驕傲的英勇舉動。

健康管理不出飲食和運動，而既然醇酒美食是美好人生的重要成分，我不後悔沒有努力節制。但是運動不一樣，尤其進入人生下半場，決定生活品質的通常不是金錢地位，而是運動習慣，但別等過了中年才開始培養，存健康和存錢一樣，越早開始越有效。

建議 4：養成理財習慣 能做的事自己做

多數上班族希望盡早退休，這取決於財務自由程度，靠拿死薪水和省吃儉用不容易達到目標，長期投資理財有其必要性。以退休規劃為前提的理財要把握 2 個原則：長期穩健、分散風險。只要看清物質欲求的本質，不做人云亦云的追求，要達到財務自由目標其實不像許多人想像的那麼困難。

分清楚「授權」和「依賴」的區別，尤其像管理行事曆、整理帳單、安排出差，這些事盡量不要假手他人，除了能更好的掌控工作細節，還能養成有用的生活習慣，工作帶來的光環和便利總有一天要退去，懂得如何生活才是王道。

建議 5：不要因為「時間到了」結婚生子

多數人會結婚生子，但真正思考過為何要做這件事的人不多。家庭之於人生是把雙面刃，和諧家庭是人生樂趣和意義的泉源，問題家庭則可能製造各種悲慘不幸，家

庭生活好與壞，無關運氣，取決於當事人是否成熟思考。

如果有疑惑，盡量不要在外界壓力下成家或生小孩，人生是自己的，任何人不能代替，如果出問題，即使是至親也很難一起承擔後果。我不是鼓勵單身，家庭對人生有極大的正面意義，只是成本很高，決定前務必想清楚，否則寧晚勿早、寧缺勿濫。

建議 6：學習投資理財 建立正確金錢觀

財務自由才能享受人生，對多數人來說，除了努力工作，還需要投資理財。我年輕時的投資以全軍覆沒收場，回想起來不是運氣不好，而是不懂理財。現代人不管學校所學為何，理財都必須是主動自發的修習科目。

錢之於生活的重要性不言可喻，但說到底它是工具，不是目標，重點是「夠」，不是「多」。年輕時努力賺錢，用力省錢，絕對有必要，一旦步入中年跨越溫飽，就要逐漸把注意力轉到聰明花錢，做錢的主人而不是奴隸。

以上，與年輕人共勉之！

我和英文的不解之緣！

以前念書時讀所有學科都很吃力，唯獨英文隨便讀讀就能考高分，當時只覺得學英文好玩，沒想到對人生產生大影響。

我對大學念的科系沒興趣，經常翹課，成績自然不好。這時英文發揮功用，考試時我罩英文不好的同學，他們則分別罩我其他科目作為回報，我因而得以低空掠過，勉強畢業，4年總平均只有60多分。

正因如此我沒有考研究所或出國留學。找工作時，凡是需要附成績單的企業一概不投履歷，心想既然唯一較強的科目是英文，那就鎖定外商公司，果然因此進入一家國際石油公司工作。

進入之後才知道這家公司是全球名列前茅的大企業，在100多個國家設有分支機構。這時英文

再次派上用場，不管是與國外聯繫，學習新技能，或是與外籍老闆溝通都少不了英文，能流利使用自然大有助益。

後來我幾乎每年出國受訓，再將所學運用在工作上帶來多次升遷機會。幾度轉換職務後，公司詢問我有無外派的意願，對於當年 30 多歲的我來說，即使待遇不變也求之不得，何況外派的薪資福利相對於國內好得多，學的東西也多得多。

在海外生活、工作仍和英文脫不了關係，能同時使用中文和英文 2 種語言更是一大加分。接下來幾年經歷三度外派後，我在 45 歲時離開職場。那些年的海外經驗養成我隨遇而安的習性，回台後選擇落腳在陌生的高雄只算小菜一碟，還因為較低廉的生活成本讓財務更有餘裕。

退休生活的重心之一是旅行，擅用英文使得這個

世界通行無阻，它的功效不止在訂機票、旅館這些小事，更在於認識不同文化，接觸旅途中遇到的各國人士，並從中學習成長，擴展心胸和視野。

英文畢竟不是我的母語，和語速快、口音重的外國人溝通時仍有霧煞煞的時候，閱讀較艱深的文字也經常不能完全理解，但夠用就好，從小到老我從英文中獲得的好處已經遠超出預期和想像。

講這些不是炫耀，英文不是用來考試，更不是用來炫耀，是用來用的。所有語言都一樣，用就會，不用就不會，和考試成績或學歷高低的關係不大。我運氣好，一點點天分加上長期使用使我和英文結下不解之緣，也因而改變人生！

以上，給有心學好英文的朋友做參考！

NOTE

📷 餘生有限 做喜歡的事

　　從小我就喜歡彈吉他唱歌，退休後重拾愛好，搬到高雄考上街頭藝人執照，每週 1 次在愛河邊與人分享音樂樂趣，一唱 4 年，至今仍常懷念。退休後做自己，不要考慮金錢和面子問題，餘生時間有限，盡量從事會做，喜歡做，有意義的事。

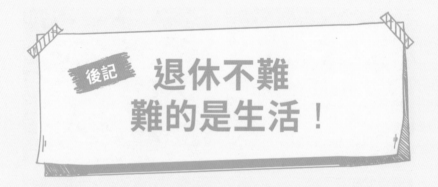

後記　**退休不難**
難的是生活！

　　談了那麼多和退休相關的事，你一定覺得退休是一件很困難的事。告訴你一個秘密，退休其實很簡單，如果你是上班族，明天進公司把辭職信往老闆桌上一丟，下個月就退休了！如果你開店，現在走出去把店門拉下，在上面貼張歇業公告，立刻就退休了！

　　當然你會擔心退休金從哪來，錢固然必要，但要解決錢的問題並不如想像中困難。只要按照本書所述，建立相關金錢觀，掌握多賺錢、少花錢、投資理財等訣竅，提早退休並非遙不可及。如果你覺得這麼說是天方夜譚，很可能是因為你在心態上還沒準備好。

退 1 萬步說，現代社會要餓死人不容易，錢多有錢多的活法，錢少也有錢少的活法，甚至連躺平啃老都是一種生活方式，問題只在於：是不是你要的生活方式？

　　現代人受社會潮流影響，過於執著於賺錢、存錢，結果經常是「人在天堂，錢在銀行」。當然沒有人希望「人在世間，錢已花光」，但統計數字告訴我們，雖然有少數人死前破產，但對於有準備的多數人來說，通常臨終前擁有的資產甚至超過剛退休的時候。

　　說到底，賺錢的目的從來就不是賺錢本身，而是將賺來的錢花在創造人生經歷上，有句話說「要生活，不要只是活著」指的就是這個意思。看過太多年長者有錢沒地方花、沒能力花，雖然留下遺產是身為長輩愛護子孫的一片好意，換來的卻經常是手足爭產、家庭不合。

　　創造人生經歷需要花錢，如何「聰明花錢」是所有退休族的一大挑戰。許多人在支付完生活必須開銷後，喜歡將錢花在旅遊上，個人非常贊同這種做法，因為那是創造經歷的好方法，還能擴大視野，學習成長，更不用說很

好玩！

　　如果不愛旅遊，那我建議你把錢花在發展興趣、嗜好上，有些嗜好如下棋、園藝不用花很多錢，也有些如打高爾夫、玩車則很燒錢，各人可以按照自身經濟條件做最適當安排。

　　除了錢，要創造人生經歷還需要健康，生活中因此必須將有益身心的事，如運動養生當成必辦事項。不要小看這部分需要花費的時間，如果再加上休息和睡眠，將近占到 1 天的二分之一，所占時間雖長卻是保障生活品質的必要成本。

　　另一個建議是把讀書納入生活。現在聲光科技發達，許多人早已將看書轉為上網、追劇等，但我還是認為看書是學習成長的最好方法之一（另一個是旅行），藉由讀書可以輕鬆吸收古今中外知識，是最划算的投資，而且讀書還能令人心平氣和。

　　還有一項生活不可或缺的是和家人及朋友相處，人生下半場的生活品質高低和人際關係息息相關。經營好家

庭關係，不僅可以免除許多因家人不合帶來的困擾，更可以獲得心靈上的支持慰藉，其中最重要的那位當然是老伴，有一個能白頭到老的終身伴侶是再多金錢都換不來的福氣。

有幾位好朋友經常圍繞身邊絕對能為生活幸福加分。好朋友不見得經常碰面，但心裡經常念著對方，好友相聚不止能同歡樂，也能共艱苦，他不在意你成功或失敗，只在乎你是否過得好，這樣的關係是建立在平等互惠基礎上。

把以上必須做的事項加總一下，再加上從事職志、興趣，你會發現即使不工作的日子，1 天 24 個小時都不夠用。我常訝異為何有人可以抽出時間打電動、逛街、追劇，因為要做那些就必須犧牲部分更重要的事，而要將所有重要的事納入生活，就必須學習斷捨離。

退休不難，難的是生活；人生不長，分成上、下半場更顯短暫。如果不用心經營，人生渾渾噩噩，轉眼即逝。如果目標明確，安排得當，只需要一個半場就足以令整個

人生發光發熱，值回票價，你如何選擇？

　　書寫到此告一段落，書中談到和金錢、健康、人際關係、職志等相關議題，其實講得不過是生活，尤其是人生下半場的生活。此前曾寫過幾本類似題材的書，這本算是總結，短期內將不再重複這個主題。畢竟人生太短，還有太多有趣新鮮的事等著我去發現挖掘！

NOTE

《FIRE，然後呢？──金錢、人際關係、健康……
真實退休生活，老黑要告訴你的7件事！》

作者：田臨斌（老黑）

總編輯：張國蓮
副總編輯：周大為
責任編輯：李盈盈、李文瑜
美術設計：陳達勳
封面攝影：張家禎

董事長：李岳能
發行：金尉股份有限公司
地址：新北市板橋區文化路一段 268 號 20 樓之 2
傳真：02-2258-5366
讀者信箱：moneyservice@cmoney.com.tw
網址：money.cmoney.tw
客服 Line@：@m22585366

製版印刷：緯峰印刷股份有限公司
總經銷：聯合發行股份有限公司

初版 1 刷：2024 年 5 月
初版 4 刷：2024 年 7 月

國家圖書館出版品預行編目（CIP）資料

FIRE,然後呢?：金錢、人際關係、健康......真實退休生活,老黑要告訴你的
7件事!/田臨斌(老黑)著. - 初版. - 新北市：金尉股份有限公司, 2024.05
　面；　公分
ISBN 978-626-98574-0-1(平裝)
1.CST: 退休 2.CST: 生活指導
544.83　　　　　　　　　　　　　113005811

Money錢

Money錢